Dina Knorr

Heimatschätze

Ausflüge zu den schönsten Altstädten
im Sauerland

aktiv
KLARTEXT

Bildnachweis

Adobe Stock: ©LianeM S. 3, ©ON-Photography S. 4/5, 52, ©AnnaKatharina S. 10, ©Clemens Scheumann S. 13, ©Dr. N. Lange S. 23, ©Fotolyse S. 30, ©Kruwt S. 33, ©mitifoto S. 39, ©Ilhan Balta S. 51, ©Elly Miller S. 75, ©Frofoto S. 81, ©ingwio S. 86, ©brudertack69 S. 103, ©Tanja Esser S. 110; Hans Blossey S. 8, 14, 27, 62, 70, 144; Imago/CHROMORANGE S. 12, /Klaus Rose S. 56, 57, /blickwinkel S. 98, /imagebroker S. 118, 126-127,/Werner Otto S. 125; FUNKE Foto Services: Olaf Fuhrmann S. 28, Jakob Studnar S. 91; picture-alliance/dpa: Attendorner Tropfsteinhöhlen S. 18, imageBROKER | Barbara Boensch S. 22, Rainer Hackenberg S. 49, 66, 90, imageBROKER | Movementway S. 133 l., Robert B. Fishman S. 135; Jochen Tack: S. 108, 112; Stefan Ziese: S. 11, 16, 24, 34, 36, 42, 44, 45, 60, 65, 68, 78, 88, 93, 97, 100, 101, 107, 113, 115, 128, 136, 141, 142; Wikipedia: Bärwinkel_Klaus_CC BY-SA 4.0 S. 20, SteveK_CC BY-SA 3.0 S. 29, Arnoldius_CC BY-SA 4.0 S. 37, Stadt Hallenberg_CC BY-SA 3.0 S. 47, 48, Winter166_CC BY-SA 4.0 S. 50, Asio otus_CC BY-SA 3.0 S. 54, 64, Tohma_CC BY-SA 4.0 S. 55, Wolfgang Poguntke 1043_CC BY-SA 2.0 S. 67, Carschten_CC BY-SA 3.0 S. 72, 73, Wolsberg_CC BY-SA 4.0 S. 80, JiriMatejicek_CC BY-SA 3.0 S. 82, Stefan Didam_CC BY-SA 3.0 S. 84, 120, 121, 131, 133 r., Rmbonn_CC BY-SA 3.0 S. 87, Smartmediasolutions_CC BY-SA 4.0 S. 95, Bubo_CC BY-SA 3.0 S. 96, 106, Helmlechner_CC BY-SA 3.0S. 104, GFDL_CC BY-SA 3.0 S. 105, Venetianer_CC BY-SA 3.0 S. 111, Malchen53_CC BY-SA 3.0 S. 122 l., Daniel Brockpähler_CC BY-SA 3.0S. 122 r., Ath_CC BY-SA 1.0 S. 124, Arne Hückelheim_CC BY-SA 3.0 S. 139, Dominik Schäfer_CC BY-SA 3.0 S. 139, Gnu1742_CC BY-SA 3.0 S. 140

Bibliografische Information der Deutschen Nationalbibliothek
Die Deutsche Nationalbibliothek verzeichnet diese Publikation in der Deutschen Nationalbibliografie; detaillierte bibliografische Daten sind im Internet über portal.dnb.de abrufbar.

Impressum

1. Auflage April 2024
Layout und Satz: Joachim Bartels
Lektorat: Kerstin Goldbach
Umschlaggestaltung: Guido Klütsch
Umschlagabbildung: Stefan Ziese
Druck und Bindung: AALEXX Druck Produktion,
Thönser Str. 5a, 30938 Großburgwedel

ISBN 978-3-8375-2620-2

KLARTEXT

Jakob Funke Medien Beteiligungs GmbH & Co. KG
Jakob-Funke-Platz 1, 45127 Essen
info.klartext@funkemedien.de
www.klartext-verlag.de

Blick auf die St.-Johannes-Evangelist-Kirche in Eversberg

Zeichenerklärung

Aussichtspunkt

familienfreundlich

Freizeitspaß

Naturerlebnis

Fotospot

Kunstobjekt

Kulturstätte

barrierefrei

Inhalt

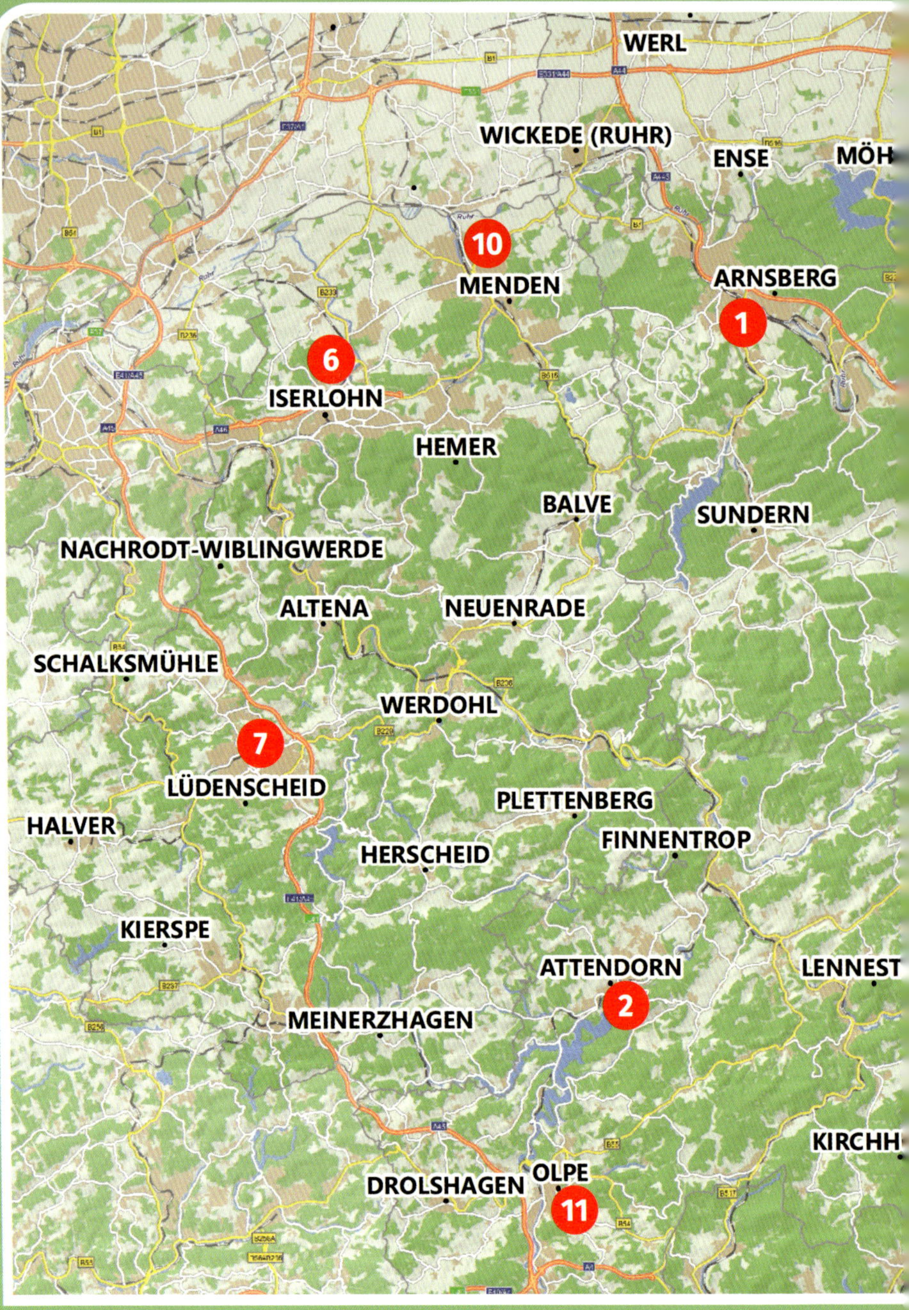
WERL
WICKEDE (RUHR)
ENSE
MÖH
10
MENDEN
ARNSBERG
1
6
ISERLOHN
HEMER
BALVE
SUNDERN
NACHRODT-WIBLINGWERDE
ALTENA
NEUENRADE
SCHALKSMÜHLE
WERDOHL
7
LÜDENSCHEID
HALVER
PLETTENBERG
FINNENTROP
HERSCHEID
KIERSPE
ATTENDORN
LENNEST
2
MEINERZHAGEN
KIRCHH
OLPE
DROLSHAGEN
11

Die Orte im Überblick

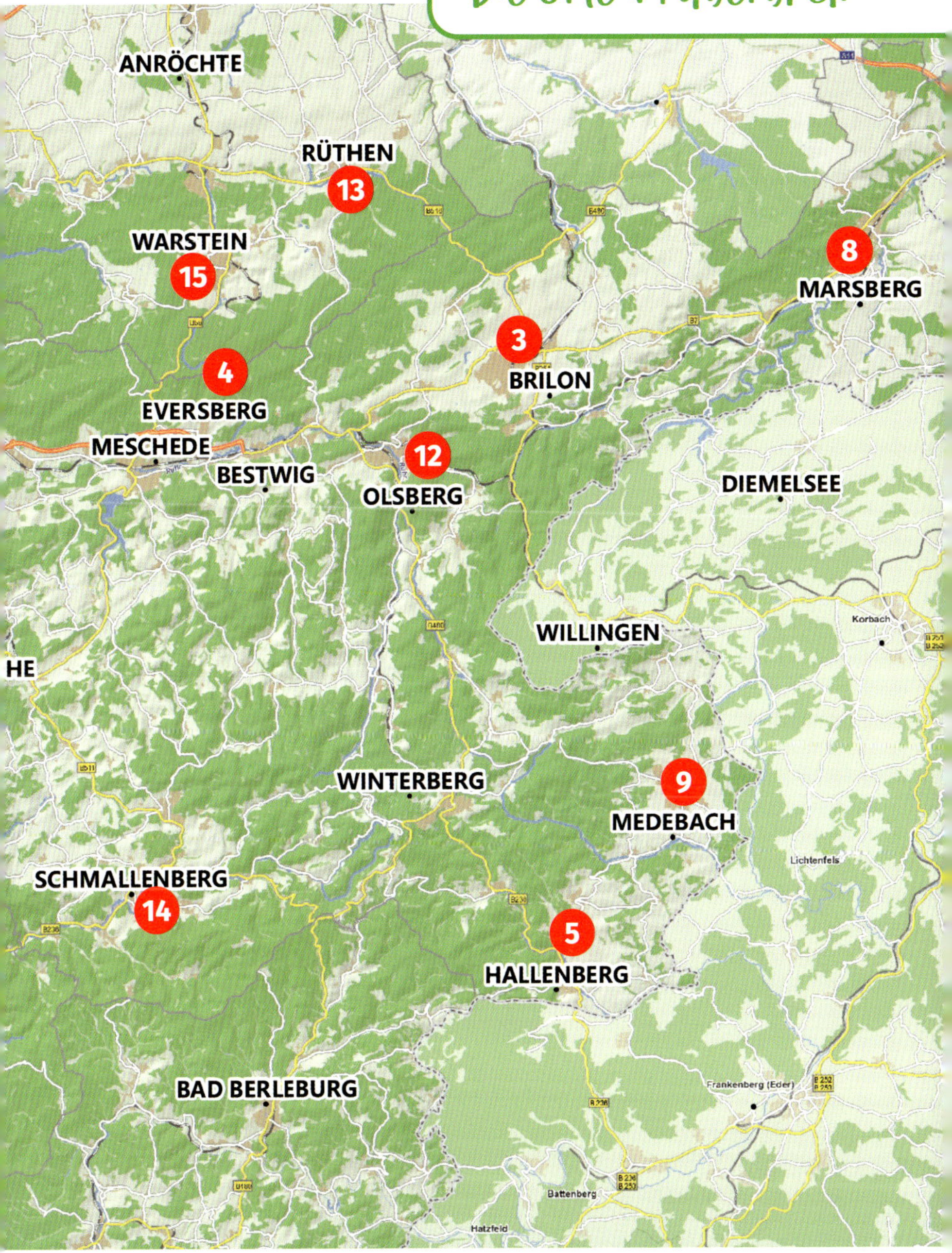

Die historische Ruhrhalbinsel

Arnsberg

Aus der Vogelperspektive betrachtet liegt die historische Altstadt Arnsbergs auf einer Halbinsel. Die Ruhr verläuft in einer so engen Kurve um den alten Stadtkern herum, dass es scheint, als gäbe es von hier keinen Ausweg mehr. Wie eine Stadtmauer umschließt sie die Landzunge und so kann es kein Zufall sein, dass das einstige Schloss Arnsberg genau an der engsten Stelle wie ein wachendes Portal platziert wurde. Die Geschichte von Arnsberg reicht zurück bis ins 11. Jahrhundert. Gegründet als Grafschaft ging Arnsberg 1368 in das Eigentum des Erzbischofs von Köln über und wurde Hauptstadt des kurkölnischen Herzogtums Westfalen. In dieser Epoche erlebte Arnsberg einen architektonischen Aufschwung, währenddessen immer stattlichere Gebäude errichtet wurden. Diese Zeit, die von Prunk und ausschweifendem Hofleben geprägt war, endete jedoch abrupt mit der Besetzung durch hessisch-darmstädtische Truppen im Jahr 1802. Eine neue politische Ära begann, die allerdings nur 13 Jahre währte. 1815 wurde Arnsberg dem Königreich Preußen zugeteilt. Wieder einmal wurden neue architektonische Maßstäbe geschaffen.

1

Anreise Pkw/Parkplatz: Parkplätze rund um die Altstadt sind ausgeschildert, zum Beispiel Tiefgarage am Neumarkt oder am Sauerlandtheater.

Anreise ÖPNV: Der Ausgangspunkt der Altstadttour liegt etwa einen Kilometer vom Bahnhof Arnsberg entfernt, der mit Bus und Bahn gut zu erreichen ist.

Besonderheiten: Schlossruine, Landsberger Hof, klassizistisches Viertel, Bürgergärten, Ehmsendenkmal

Bei einem Besuch der historischen Stadtteile Arnsbergs, werden die unterschiedlichen Baukulturen auch heute noch zwischen den modernen Fassaden ersichtlich. Ein Stadtrundgang über die Ruhrhalbinsel lässt das Flair längst vergangener Zeiten noch einmal aufleben.

Die Schlossruine Arnsberg

Um die verschiedenen Epochen Arnsbergs zu erleben, beginnt der Ausflug in die Geschichte dort, wo alles seinen Anfang nahm, auf dem Adlerberg, der heute auch Schlossberg genannt wird. An diesem markanten Punkt ließ Graf Friedrich der Streitbare um 1100 eine Burg errichten. Bald siedelten sich in ihrem Schutz die ersten Familien an und Arnsberg ward geboren. Als die Stadt 1368 dem kurkölnischen Herzogtum zufiel, machten die Kölner Kurfürsten die Burg zu ihrer Residenz und bauten sie immer prunkvoller aus. Um 1575, in der Zeit des Erzbischofs von Isenburg, wurde die Burg jedoch bis auf die Grundmauern abgerissen und stattdessen ein imposantes Schloss gebaut. Den letzten und damit wohl auch pompösesten Ausbau erhielt das Schloss 1729 bis 1743 durch den Kurfürsten Clemens

August von Wittelsbach, der nach Plänen des Barockbaumeisters Johann Conrad von Schlaun entstand. 1762 und damit während des 7-jährigen Kriegs wurde das Schloss unter französischer Besetzung durch alliierte polnische Truppen angegriffen und letztendlich gesprengt. Von dem, was damals ein Prachtbau war, ist heute nur noch eine Ruine übrig, die auf einem Rundweg, der auch an einem historischen Weinberg vorbeiführt, erkundet werden kann. Nebenbei bieten sich unterwegs wunderbare Ausblicke über die Region und besonders im Winter auch auf die Ruine der Rüdenburg auf der gegenüberliegenden Seite der Ruhr.

Der Maximilianbrunnen am Alten Markt

Von der Ruine folgen Sie der Schlossstraße bis zum Glockenturm, der einst die Begrenzung der ehemaligen Oberstadt bildete. Der 44,2 Meter hohe Turm ist nicht zu übersehen und das Wahrzeichen der Stadt Arnsberg. Charakteristisch ist seine barockbauchige Doppelzwiebelhaube. Zwischen diesen Zwiebeln war einst die Wachstube untergebracht, von der aus der Nachwächter die Uhrzeit verkündete und bei Gefahren warnen konnte. Ursprünglich war der Glockenturm als Wach- und Wehrturm ein Teil der Arnsberger Stadtmauer, die um das Jahr 1238 entstand. Er zählt heute zu den ältesten Bauwerken der Stadt.

Romantische Fachwerkhäuser säumen das Straßenbild.

Vorbei am Glockenturm folgen Sie der Straße Alter Markt. Hier säumen gleich mehrere geschichtsträchtige Orte den Weg. Auffällig ist das Patriziergebäude mit der Aufschrift „Zur Krim“. Sie geht auf die Zeit des Krimkriegs zurück, als sich hier eine Gaststätte befand. Das ritterliche Erscheinungsbild des Gebäudes mit seinen hübschen rot-weiß getünchten Fensterläden, lässt kaum vermuten, dass hier während des 30-jährigen Kriegs der gefürchtete Hexenrichter Dr. Heinrich von Schultheiß lebte, auf den zahlreiche Opfer des Hexenwahns zurückzuführen sind.

Rund um den Alten Markt gruppieren sich das Alte Rathaus aus dem Jahr 1710 mit der Stadtmadonna, einem kleinen, vergitterten Marktgefängnis und dem Glockenspiel sowie auf der gegenüberliegenden Seite der Ratskeller dazu. Die Mitte des Platzes dominiert der Maximilianbrunnen. Er stammt aus dem Jahr 1779 und wurde von dem Kölner Kurfürst Maximilian Friedrich gestiftet. Jedes Jahr zu Ostern wird der Brunnen mit 1500 handbemalten Eiern geschmückt und ist damit nochmal mehr ein besonderer Hingucker. Biegen Sie gleich hinter dem Brunnen für einen kleinen Abstecher nach links ins Kaiserspförtchen ab, kommen Sie durch eine schmale Gasse mit einer winzigen Pforte, durch die früher die Ackerbürger zu ihren Feldern gelangten. Von hier aus bietet sich ein schöner Ausblick auf die Stadtmauer und den Wachturm des Landsberger Hofes.

Der Landsberger Hof wurde durch den Kurfürsten Ernst von Bayern 1605 erbaut. Er sollte ihm und seiner Mätresse Gertrud von Plettenberg als heimeliges Liebesdomizil dienen. Aus der bischöflichen Liaison gingen zwei Kinder hervor. Es heißt, dass Gertrud von Plettenberg auf einer ihrer Reisen später durch ein Glas Wein vergiftet wurde. Der Legende nach soll sich zwischen dem Residenzschloss des Kurfürsten und seiner Liebesresidenz ein Geheimgang befunden haben, über den die beiden sich heimlich trafen und in dem die von den Arnsbergern genannte „Jungfer Getrud" auch heute noch des nachts umherspukt. 1658 übernahm der Landdroste Dietrich von Landsberg das Anwesen, nach dem es auch heute noch benannt ist.

Am Weg

Sauerland-Museum im einstigen Liebesschlösschen

Im Landsberger Hof befindet sich heute das Sauerland-Museum. In der Dauerausstellung erhalten Sie Einblick in die Geschichte des Herzogtums Westfalen von seiner Entstehung bis in die Gegenwart. Wechselnde Sonderausstellungen mit regionalem Hintergrund ergänzen das Angebot. Dazu gibt es ein besonderes Erlebnisprogramm mit speziellen Führungen, Angebote für Kindergeburtstage sowie Schulklassen und sogar Tage, an denen Sie den Museumsbesuch mit ihrem Vierbeiner erleben können. www.sauerland-museum.de.

Den Landsberger Hof schmückt eine prächtige Fassade.

Folgen Sie nach Ihrem Abstecher in das Kaiserspförtchen und vorbei am Landsberger Hof weiter der Straße Alter Markt, die später Steinweg heißt. Lassen Sie sich Zeit und verbinden Sie die historische Runde mit einem gegenwärtigen Bummel durch die kleinen Ladenlokale am Wegesrand oder einer Einkehr in einem der gemütlichen Gasthäuser oder Cafés. Auf Höhe der Straße Lindenberg erkennen Sie bei genauem Hinsehen die Markierungen im Boden, die die Stelle eines der früheren Stadttore kenntlich machen. Sie erreichen nun den Neumarkt. Hier tauchen Sie ein in die Zeit um 1815, als die Preußen Arnsberg zu ihrer Regierungsstadt machten. Dieser Stadtteil wird auch gern als „Kleine Berliner Stadt" bezeichnet. Die Gebäude wurden nach Plänen des Baumeisters Karl Friedrich Schinkel errichtet. Sie sollten den preußischen Beamten aus Berlin ansprechenden Wohnraum bieten. Neben den Bürgerhäusern entstanden auch Behördenhäuser, eine Post, ein Hotel sowie ein Casino. Zwischen 1822 und 1825 ergänzte die erste evangelische Kirche im Herzogtum Westfalen das klassizistische Viertel, das bis heute das besterhaltene in Deutschland ist. Die schmucken Häuser rund um den Neumarkt laden zum Träumen ein und es fehlen nur ein paar Pferdekutschen und Hufgetrappel, um den Stil alter Zeiten hautnah zu spüren.

Abstecher

Bürgergärten und die klassizistischen Gartenhäuser

Vom Neumarkt führt Sie ein kurzer Abstecher rechter Hand in die Straße Twiete. Hier gelangen Sie zu den Bürgergärten mit den klassizistischen Gartenhäusern. Als die preußischen Regierungsbeamten sich seinerzeit in Arnsberg ansiedelten, wurde ihnen gestattet, die hinter ihren Häusern liegenden Grundstücke zu kaufen, um dort Gärten anzulegen. Im Stil der klassizistischen Wohnhäuser entstanden dabei kleine Gartenhäuser. Von ihnen sind noch zwei erhalten. Beide stehen unter Denkmalschutz. Die hübsch angelegten Gärten mit den im Sommer üppig blühenden Pflanzen laden Sie zum Verweilen und Schwelgen in alten Zeiten ein.

Ab dem Neumarkt spazieren Sie über die Klosterstraße weiter in Richtung Kloster Wedinghausen, wo sie jetzt einen gewaltigen Zeitsprung zurück machen, nämlich ins Jahr 1170. Zu dieser Zeit wurde es als sogenanntes Sühnekloster errichtet. Während der napoleonischen Wirren wurde der Kölner Domschatz hier aufbewahrt und somit gerettet, was dem Kloster eine enorme Bedeutung verlieh.
Über die Klosterstraße zieht sich an dieser Stelle auch das prunkvolle Hirschberger Tor. Einst zierte es das gleichnamige Jagdschloss, heute dient es als Tor zum Arnsberger Stadtwald. Wenn Sie das Tor durchschreiten, genüsslich den Berg hinaufgehen und sich am Gymnasium Laurentianum links halten, gelangen Sie in das grüne Areal. Vielleicht haben Sie von Weitem schon das Ehmsendenkmal am Berghang leuchten sehen. Das strahlend weiße Gebäude wurde zwischen 1895 und 1897 zu Ehren des ehemaligen Forstrats Ernst Ehmsen, auf den die Gründung des Sauerländischen Gebirgsvereins zurückzuführen ist, erbaut. Von hier aus haben Sie einen herrlichen Ausblick über den neueren Teil Arnsbergs und die umliegenden Hügel des Sauerlands. Beenden Sie die historische Runde mit einem Spaziergang durch den schattigen Stadtwald, vorbei an der 500-jährigen Eiche, dem Hexentanzplatz und dem Kinderteich, bevor es zum Ausgangspunkt zurück geht.

Gastronomie:

Braubrüder Arnsberg
Von Stullen und Kniften über echte Klassiker bis zum Burger, dazu ein frisches Bier. Leckereien am historischen Neumarkt.
www.braubrueder-arnsberg.de

Gasthaus Zur Börde
Schlemmern mit Fachwerkstil am alten Markt im Herzen von Arnsberg.
www.boerse-arnsberg.de

Das kleine Altstadt-Café
Kaffeetrinken im Wohnstubenambiente inklusive regionalem Kaufladen – mal reinstöbern.
http://das-kleine-altstadtcafe.de

Im Reich der
Fürstin Atta
Attendorn

In Attendorn erzählt man sich die Legende der Fürstin Atta. Sie lebte vor vielen Jahren im Sauerland und verirrte sich eines Tages bei einem Jagdausflug in unwegsames Gelände. Dort fand sie ein Köhler und rettete sie aus der Not. Aus Dankbarkeit schenkte ihm die Fürstin das Gebiet, in dem er sie gefunden hatte. Sie sagte ihm, dass er das Geschenk achten sollte, denn es enthielte einen Schatz. Der Köhler gründete daraufhin eine Siedlung auf dem Areal und nannte sie Attendorn. Tatsächlich ist nachgewiesen, dass Attendorn aus einer dorfartigen Siedlung entstand und im Jahr 1222 Stadtrechte erhielt. Es bleibt Ihnen nun selbst überlassen, ob Sie die gut 700 Jahre später, im Jahre 1907 entdeckte Atta-Höhle als Schatz der Fürstin Atta betrachten. Aber irgendwo hat sicher jede Legende einen wahren Kern.

Attendorn zählt zu den westfälischen Hansestädten. Ihre Blüte erlebte die Stadt im 13. und 14. Jahrhundert. Bekannt wurde sie insbesondere durch die hervorragende Arbeit der Woll- und Leine-

2

Anreise Pkw/Parkplatz: Parkdeck Feuerteich, Am Seewerngraben 12, 57439 Attendorn

Anreise ÖPNV: Attendorn ist mit Bus und Bahn gut zu erreichen. Bahnhof und ZOB befinden sich in unmittelbarer Nähe zur Altstadt.

Besonderheiten: Atta-Höhle, Relikte der einstigen Stadtmauer, Sauerländer Dom, Rathaus Attendorn, Südsauerlandmuseum, Biggesee, Burg Schnellenberg

weberzünfte und den damit verbundenen Tuchhandel. Zu dieser Zeit verfügte man hier sogar über eine eigene Münzstätte.
Doch auch mit Rückschlägen hatte die Stadt zu kämpfen. Viermal brach die Pest aus, etliche Großfeuer vernichteten zahlreiche Häuser und wichtige Gebäude. Dazu kamen die Auswirkungen von Kriegen und Brandschatzungen, die mit der Zeit Napoleons ihren Höhepunkt erreichten. Erst Mitte des 19. Jahrhunderts und nach

Abstecher

Atta-Höhle

Imposante Schönheiten in der Atta-Höhle

Die Atta-Höhle wurde am 19. Juli 1907 ganz zufällig während Sprengungen in den Biggetaler Kalkwerken entdeckt. Steinbrucharbeiter stießen nach der Explosion auf einen freigelegten Felsspalt. Neugierig krochen sie hinein und fanden dort ein Labyrinth aus eindrucksvollen Tropfsteingebilden vor.
Die Atta-Höhle ist die größte und mit Sicherheit schönste Tropfsteinhöhle Deutschlands und gilt als Königin unter ihnen. Ihre Gesamtlänge beträgt 6670 Meter. 1800 Meter sind für Besucher zugänglich.
In der Höhle herrscht eine konstante Temperatur von 9 Grad Celsius. Eine Führung dauert etwa 40 Minuten. Neben den eindrucksvollen Stalagmiten und Stalaktiten verfügt die Atta-Höhle noch über eine weitere Besonderheit. In ihr reift der sogenannte Atta-Käse. Rund 300 bis 400 Käselaibe lagern circa drei Monate in den Höhlengängen bei 95 Prozent Luftfeuchtigkeit und werden wöchentlich mit Salzwasser abgewaschen. Der Käse ist vor Ort und in verschiedenen Fachgeschäften erhältlich.
www.atta-hoehle.de

dem 2. Weltkrieg begann der erneute Aufschwung. Trotz aller Irren und Wirren hat sich Attendorn einen historischen und sehenswerten Altstadtkern erhalten. Mit ihrer unmittelbaren Lage am Biggesee und Attraktionen wie der Atta-Höhle ist die Stadt zu einem beliebten Wohnort mit hoher Lebensqualität geworden.
Aus der Vogelperspektive können Sie noch gut den kreisförmigen Grundriss der Stadt erkennen, die wie viele andere mittelalterliche Städte einst von einer Stadtmauer mit vier Stadttoren umgeben war. Vor der Stadtmauer befand sich ein Wassergraben, dessen Aushub dazu verwendet wurde, einen Wall hochzuziehen. Somit war Attendorn gleich mehrfach vor Angreifern gesichert. Von den Befestigungsanlagen sind heute nur noch der Bieke- sowie der Pulverturm und Fragmente des einstigen Kölner Tores sichtbar. Wenn Sie sich auf einen Altstadtrundgang begeben, starten Sie am besten am Parkdeck Feuerteich, denn hier sind Sie gleich in unmittelbarer Nähe zu den beiden Türmen. Den runden Bieketurm mit sei-

nem spitzen Dach entdecken Sie am linken Rand des Parkplatzes. Er dient heute als Zeughaus der Schützengesellschaft Attendorn 1222 e. V. und beinhaltet zudem ein kleines Museum. Der Pulverturm steht nur 150 Meter weiter in der Straße Am kleinen Graben, wenn Sie vom Parkplatz in die entgegengesetzte Richtung gehen. Optisch gleicht er in seiner Form dem Bieketurm, jedoch befindet sich in seinem Inneren keine Treppe, weshalb das mittlere sowie das obere Geschoss nur durch eine Treppe von außen betreten werden konnten. Im 17. Jahrhundert diente der Turm als Gefängnis. Um das Jahr 1837 lagerte das in Attendorn stationierte Landwehrbataillon in dem Turm sein Pulver, was ihm den gleichlautenden Namen einbrachte. Im 1. Weltkrieg brannte der Attendorner Ferdinand Bellebaum vor dem Pulverturm Zichorienkaffee – einen koffeinfreien Kaffee-Ersatz aus den Wurzeln der Gemeinen Wegwarte. Eine Bronzetafel erinnert heute an die Geschichte. Zwischen den beiden Türmen im Bereich des Kreisverkehrs Ennester Straße stand ursprünglich das Ennester Tor, eins von vier Stadttoren; im Bereich des Parkplatzes gab es einen Feuerteich, wie sich am Namen unschwer erkennen lässt.

Der Attendorner Bieketurm

Früher lebten in der Ennester Straße die Handwerks- und Kaufleute. Schlendern Sie heute durch die Straße laden eine Vielzahl an qualitativ hochwertigen Geschäften zum Bummeln ein. Die Ennester Straße mündet schließlich in die Niederste Straße, an deren Ende und damit an der tiefsten Stelle der Stadt (heute auf Höhe des Kreisverkehrs) einst das Niederste Tor gestanden hat. Auf dem Weg hierher passieren Sie die St.-Johannes-Baptist-Kirche, auch als Sauerländer Dom bezeichnet. Das schmucke Kirchenschiff mit dem imposanten Turm strahlt in leuchtendem Weiß. Die moosgrün getünchten Verzierungen fallen genauso bezaubernd auf wie das schmucke Zwiebeltürmchen auf dem Dach des romanischen Turms. Bereits im 9. Jahrhundert wurde an dieser Stelle der erste Sakralbau in Attendorn errichtet. Er gilt als Urpfarrei des Sauerlands. Das heutige Erscheinungsbild entstand in der zweiten Hälfte des 14. Jahrhunderts.

Falls Sie bereits etwas Hunger und Durst verspüren, wie wäre es dann mit einem Besuch des alten Postamtes in Attendorn? Das denkmalgeschützte Gebäude befindet sich nur wenige Schritte weiter und beherbergt heute das Benediktiner Wirtshaus 1222. Im Sommer lässt es sich unter angenehm schattenspendenden Sonnenschirmen in dem angeschlossenen bayerischen Biergarten gut aushalten. Ist es Ihnen draußen zu frisch, schreiten Sie einfach die herrschaftliche Treppe empor und nehmen im Inneren Platz.

Nach der gemütlichen Einkehr geht es ein paar Schritte zurück in Richtung des Sauerländer Doms. Lassen Sie ihn rechts liegen erreichen Sie die Fußgängerzone Attendorns und die im Rahmen des Innenstadtentwicklungskonzeptes noch recht neu gestaltete City. Hier können Sie sich in Ruhe umschauen, durch die einladenden Geschäfte stöbern oder ein Eis essen, falls Ihnen noch der Nachtisch fehlt. Tauchen Sie dabei ein, in den lebendigen Charme alter Häuser, die in frischem Glanz erstrahlen und mit modernen Elementen gepaart sind. Besonders der Klosterplatz mit dem Rathaus ist ein schmucker Hingucker. Hier fällt zugleich das Franziskanerportal ins Auge. Es ist ein originalgetreuer Nachbau des Hauptportals einer Kirche, die ursprünglich aus einem Franziskanerkloster hervorging. Es wurde im 17. Jahrhundert an dieser Stelle errichtet, im 2. Weltkrieg jedoch durch eine Explosion zerstört.

Während der Schlenderei durch den alten Stadtkern werden Sie an vielen Stellen noch auf Zeugnisse der Stadtgeschichte treffen. Atten-

Am Weg

Südsauerlandmuseum

Am Alten Markt und damit direkt gegenüber dem Sauerländer Dom finden Sie das Südsauerlandmuseum. Das Museum für Kunst- und Kulturgeschichte des Kreises Olpe befindet sich in dem im gotischen Stil errichteten einstigen Rathaus von Attendorn. Erbaut wurde es etwa um 1350. Es gilt als das älteste und südlichste Rathaus einer Hansestadt. Gleichzeitig ist das Museum als ältestes Museum des Kreises Olpe und eines der ältesten in Westfalen. Es entstand bereits 1898. Im Museum können Sie die Kunst und Kultur der Region und naturkundliche Besonderheiten entdecken. www.suedsauerlandmuseum.de

dorn ist aber auch bekannt für die zahlreichen Möglichkeiten zur Freizeitgestaltung. Wie wäre es deshalb noch mit einem Ausflug zum Biggesee? Wandern Sie doch einmal über den imposanten Staudamm, in dessen Zentrum sich sogar ein Leuchtturm befindet, und steigen Sie hinauf zur spektakulären Aussichtsplattform „Biggeblick". Aus 90 Meter Höhe können Sie einen einzigartigen Blick über den See mit der Gilberginsel und auf die Burgruine Waldenburg genießen. Auch eine entspannte Bootsfahrt auf dem See ist möglich. Im Sommer können Sie sich in der Waldenburger Bucht in die Fluten stürzen oder mit dem SUP über das Wasser gleiten. Zur Adventszeit lohnt sich ein Besuch der Waldenburger Kapelle. Dann wird hier eine zauberhafte Krippenlandschaft aufgebaut, die unter anderem mit zahlreichen markanten Gebäuden Attendorns im Miniaturformat geschmückt ist. Etwas unterhalb des Staudamms des Biggesees versteckt sich noch das einstige

Kloster Ewig. Erst Rittergut, dann Augustinerkloster und jetzt Justizvollzugsanstalt, hat es eine spannende Geschichte hinter sich. Das Gebäude ist allerdings nur von außen zu betrachten.

Abstecher

Burg Schnellenberg

Oberhalb von Attendorn thront die malerische Burg Schnellenberg. Ihre erstmalige urkundliche Erwähnung datiert auf das Jahr 1222. Sie zählt zu den größten erhaltenen Burganlagen Westfalens. Wer zwischen den imposanten Burgmauern wandelt, kann vor seinem geistigen Auge sicher das Hufgetrappel von Pferden und klappernde Rüstungen hören. Die Burg beherbergt heute ein Wellnesshotel mit Restaurant und Biergarten. In dem hübschen Burghof lässt es sich idyllisch verweilen. Das Gelände ist für Besucher frei zugänglich und so können die zahlreichen Details der Märchenburg in Ruhe betrachtet werden: trutzige Mauern, bezaubernde Sprossenfenster, charmante Türmchen, bunte Fensterläden, ein kleiner Balkon mit einem detailreichen, schmiedeeisernen Geländer, an dem Liebesschlösser befestigt sind, herrschaftliche Treppen und Eingangsportale.

Gastronomie:

Benediktiner Wirtshaus Attendorn
Bayrische Gastlichkeit in historischem Ambiente Attendorns
www.facebook.com/benediktinerwirtshaus-attendorn

Hotel & Restaurant Burg Schnellenberg
Kulinarische Genüsse in der Märchenburg, wo einst die Ritter tafelten.
https://burg-schnellenberg.de/restaurant-bar/

Eiscafé Laperla
Gemütliches Eiscafé in der Fußgängerzone mit kleinen Snacks, Frühstück und natürlich Eis.
https://laperla-attendorn.de

Die Geheimnisse der historischen Schatzkiste

Brilon

Einst Hansestadt und Hauptstadt des Herzogtums Westfalen, heute die waldreichste Stadt Deutschlands und staatlich anerkanntes Kneippheilbad, das ist Brilon. Wer aus Richtung Nord-Ost auf Brilon zufährt, vermag nicht zu erahnen, welch historisches Schatzkistchen sich im Zentrum des Ortes verbirgt. Ein großes Gewerbe- und Industriegebiet ist dem schmucken Städtchen vorgelagert und verdeckt, was in ihm steckt. Lediglich der imposante Westturm der Propsteikirche St. Petrus und Andreas, der mit seiner barocken Haube aus dem Meer an Dächern heraussticht, verrät, dass es auf der Anhöhe, auf der die bezaubernde Altstadt liegt, vielleicht etwas zu entdecken gibt. Und so erschließt sich die Schönheit dieses Fleckchens erst bei genauerem Hinsehen und während eines Bummels durch die historische Altstadt mit ihren bedeutsamen Gebäuden, die Geschichten erzählen könnten.

Ausgangspunkt für die Entdeckungsreise durch die historische Hansestadt ist der Marktplatz. Rund um den Marktbrunnen, der von den Einwohnern liebevoll „Kump" genannt wird, reiht sich ein historisches Bauwerk an das andere. Inmitten romantischer Fachwerk-

3

Anreise Pkw/Parkplatz: Parkplätze sind ausgeschildert, besonders geeignet ist der Parkplatz an der Marktstraße.

Anreise ÖPNV: Vom Bahnhof Brilon sind es knapp zehn Minuten Fußweg bis in die Altstadt.

Besonderheiten: Glockenspiel, Museum Haus Hövener, Stadtbefestigung, Miniaturskulpturen der ehemaligen Befestigungsanlage

fassaden lässt sich der Charme der Vergangenheit am besten in einem der hübschen Cafés oder Restaurants erleben. Die gleich angrenzende Fußgängerzone mit ihren kleinen Geschäften, lädt zu einem Bummel ein.

Tipp

Stadtplan zum Altstadtrundgang

Auf der Webseite der Tourismusorganisation Brilon oder in der Touristinformation vor Ort erhalten Besucher einen Stadtplan, der zu jeder Sehenswürdigkeit und historischen Gebäuden ein paar Erläuterungen bereithält.

www.tourismus-brilon-olsberg.de

Vor Kopf des Marktplatzes thront das historische Rathaus Brilons. Erbaut wurde es etwa im Jahr 1250. Mit seiner barocken Front zählt es zu den ältesten Rathäusern Deutschlands. Zur Zeit, als Brilon noch Hansestadt war, diente das Gebäude als Gildehaus, in dem Handwerker und Kaufleute ihre Waren anboten. Ein besonderes Schauspiel ist das Glockenspiel, das täglich um 11, 15 und 17 Uhr in den oberen beiden Fenstern erscheint und Szenen des Briloner Schnadegangs darstellt. Schnadegänge, auch Grenzgänge genannt, sind im unter anderem in Westfalen ein alter Brauch, sie dienten dazu, die Richtigkeit von Gemeindegrenzen zu kontrollieren. Auch heute werden sie noch gerne zelebriert, was aber eher dem traditionellen Beisammensein dient.

Schauen Sie sich auf dem Marktplatz einmal um. Gegenüber dem Rathaus befinden sich der Jägerhof und das Café am Markt. Der Jägerhof ist eine der ältesten Gaststätten im Ort. Zwischen 1859 und 1868 war die erste Volksschule der evangelischen Gemeinde in seinem Obergeschoss untergebracht. Das Gebäude neben dem Rathaus, Am Markt 15, gehört heute dem Hotel Starke. Früher war es das städtische Weinhaus, Schulhaus und Standort der städtischen Waage.

Das Café am Markt und der Jägerhof

Am Weg

Museum Haus Hövener

In dem Haus Am Markt 14, vom Rathaus blickend rechts gelegen, ist das Museum Haus Hövener beheimatet. Vor dem Bau des Hauses stand an dieser Stelle das Hospital zum Heiligen Geist. 1742 wurde es jedoch durch einen Brand zerstört.

Das heutige Gebäude wurde im Jahre 1803 als Wohn- und Geschäftshaus durch den Kaufmann Caspar Krüper errichtet. 1816 verkaufte er es an die Gewerkenwitwe Charlotte Catharina Unkraut, ihre Nachfahrin, Wilhelmine Hövener, stiftete es nach fünf Generationen im Familienbesitz 1994 dem LWL-Freilichtmuseum Detmold. Seit 1996 ist das Haus der Öffentlichkeit zugänglich; das heutige Museum eröffnete 2011. Die Dauerausstellung Paläontologie entführt Besucher in die Zeit vor über 65 Millionen Jahren, als im Sauerland noch Dinosaurier lebten. Dazu kommen immer wieder Sonderausstellungen mit regionalem Bezug.

www.haus-hoevener.de

Dinosaurierskulptur in Brilons historischer Altstadt

Abstecher

Zu den Dinosauriern

Die Geschichte der im Museum Haus Hövener dargestellten Dinosaurier wird an der Dinosaurierfundstelle im Briloner Ortsteil Nehden lebendig. 1978 wurden in einem Kalksteinbruch die Knochen eines Iguanodon gefunden. Das Areal ist frei zugänglich und Infotafeln berichten Wissenswertes über die Tiere. In Anbetracht der mystischen Atmosphäre des Ortes mit seinen Dinosauriernachbildungen könnte man meinen, von einem echten Dinosaurier beobachtet zu werden.

Vom Marktplatz gehen Sie nun am Rathaus vorbei in Richtung der katholischen Pfarrkirche St. Petrus und Andreas. Das eindrucksvolle Gebäude, dessen 63 Meter hoher Turm aus dem Stadtbild heraussticht, wurde bereits um 1220 erbaut. Seit 1925 trägt das Gotteshaus den Ehrentitel Probsteikirche. Wie auf dem Marktplatz gruppieren sich auch rund um die Kirche zahlreiche geschichtsträchtige Ge-

Die katholische Pfarrkirche St. Petrus und Andreas

Das Derker Tor ist das einzige erhaltene Stadttor Brilons.

bäude. Gehen Sie rechtsherum passieren Sie in der Schulstraße 26/28 eines der ältesten Häuser der Stadt. Achten Sie besonders auf die historische, lateinische Inschrift und auf die farblichen Ornamente auf dem Torbalken. In dem Fachwerkgebäude daneben befindet sich heute eine Realschule, früher Jungenschule. Das älteste Schulhaus Brilons selbst liegt nicht weit entfernt davon in der Probst-Meyer-Straße 1. Überhaupt dreht sich hier alles rund ums Kind, denn in der Probst-Meyer-Straße 3 ist mittlerweile die Kindertagesstätte St. Petrus und Andreas einquartiert. Das hübsche Fachwerkhaus war einst Wohn- und Bauernhaus. Vorbei am Pastorat biegen Sie nun rechts ab in die Derkere Straße. Das Haus an der Ecke mit der Hausnummer 3 könnte so einige Geschichten erzählen; einst Bierbrauerei, später Dampf-Molkerei, teilen es sich heute die Kolpingsfamilie und die Stadt Brilon, die im Obergeschoss ein Bürgerzentrum betreibt.
Machen Sie an der Ecke Krummestraße einen kleinen Abstecher nach links zur Skulptur der „Bäuerin vom Mistemarkt" des Madfelder Künstlers Theodor Sprenger. Sie erinnert an die fleißigen Bäuerinnen und Hausfrauen und ihre Arbeit im Haus und auf dem Feld. Zurück auf der Derkere Straße geht es direkt auf das Derker Tor zu. Es ist das letzte erhaltende von ursprünglich vier Stadttoren aus der Zeit als Brilon noch von einer gut 2300 Meter langen Stadtmauer umgeben war, zur der außerdem zwölf Türme gehorten. In der Gaststätte „Zum Törchen" befand sich einst die Dienstwohnung des Pfortners. Folgen Sie ab hier im Uhrzeigersinn dem Verlauf der ehemaligen Stadtmauer rund um den historischen Stadtkern und verpassen Sie auf der linken Straßenseite nicht den Miniaturturm aus Bronze, der als Symbol für die vormaligen Wehrtürme der Stadt dient. Bald darauf passieren Sie das Armeleutehaus, erbaut auf den Resten eines solchen Turms, und den Pfandstall, in dem beschlagnahmtes Vieh untergebracht wurde. Am Kreisverkehr Derkere Mauer/Strackestraße war früher der Standort des oberen Tors, seinerzeit Ledriker Tor genannt; hier sehen Sie eine Miniaturausgabe desselbigen aus dem Jahr 2011. 1742 stürzte das Original des Ledriker Tors ein. Trotz Wiederauf-

bau im gleichen Jahr wurde es aber 1840 abgerissen. Im weiteren Verlauf des Wegs finden Sie noch Überreste der ehemaligen Stadtmauer mit Wall und Graben sowie eine kleine Pforte, durch die die Bewohner zu ihren Gemüsegärten vor der Stadtmauer gelangten.

Ganz im Norden der Stadt gelangen Sie schließlich zum früheren Standort des Kreuziger Tors. Auch hier erinnert ein Miniaturtor an das 1811 abgebrochene Stadttor. Daneben befindet sich die Kirche der evangelischen Pfarrgemeinde, die 1856 nach einem Entwurf des Berliner Baumeisters Karl Friedrich Schinkel errichtet wurde. Verlassen Sie hier den Verlauf der einstigen Stadtmauer nach rechts in die Steinstraße. Vorbei an der Klosteranlage gelangen Sie am Steinweg 3 zu dem einst „vornehmsten" Haus der Stadt. Es gehörte 1752 dem Eisengewerken Adam Eberhard Ulrich und für eine Nacht soll es einst den Bruder Kaiser Napoleons I. beherbergt haben. An der Ecke Friedrichstraße machen Sie abschließend noch einen Schlenker bis zur Straße Kreuziger Mauer, biegen rechts ab und kurz danach erneut rechts in die Bahnhofstraße, bis Sie wieder am Ausgangspunkt sind.

In der Friedrichstraße begegnet Ihnen ein winziges Fachwerkhaus, das 1858 ein Schreiner mit seiner siebenköpfigen Familie bewohnte. Es wurde auf einer Fläche von gerade einmal 175 Quadratmetern gebaut. Das letzte Stadttor, das Niedere Tor, beziehungsweise die Miniaturversion davon, treffen Sie an der Ecke Kreuziger Straße/Bahnhofstraße. Auf dem Rückweg durch die Bahnhofstraße haben Sie die Gelegenheit, in den reizenden Geschäften der Fußgängerzone zu stöbern, während Sie an dem früheren Wohnhaus der Ritter von Brilon vorbeimarschieren. Wenn Sie den Marktplatz erreichen und geradewegs überqueren, gelangen Sie in die Strackestraße und können an der Hausnummer 2 noch den Wohnraum des bekannten Heimatdichters Dr. Friedrich Grimme bestaunen, der hier zur Schulzeit am Propsteigymnasium lebte. Wenige Schritte weiter steht ein Glockenturm, der die Tradition Brilons als Glockengießerstadt versinnbildlicht. Bis 1959 wurden die Briloner Glocken international verkauft.

Abstecher

Der historische Borberg

Nicht weit von Brilon entfernt liegt der historische Ort Borberg. Einst errichteten die Germanen hier einen Ringwall gegen die Kelten; im 13. Jahrhundert entstand eine Kirche, deren Grundmauern heute noch besichtigt werden können und noch weiter zurück reicht die Nutzung des Areals als frühmittelalterlicher Friedhof. Von der heutigen Borbergskapelle genießen Sie einen herrlichen Ausblick. In der Hiebammenhütte können Sie einkehren und den Tag nach einer kleinen Wanderung durch die Natur ausklingen lassen.

Gastronomie:

Jägerhof
Traditionsrestaurant in einer der ältesten Gaststätten Brilons. Geführt von „scharfen“ Köchen.
http://derjaegerhof.de

Café am Markt
Vom Frühstück bis zu Kaffee und Kuchen wird hier schmackhaft aufgedeckt.
https://cafeammarkt-brilon.de

Stadtschenke
Restaurant und Bar, wo gerne auch mal ein Kneipenkonzert stattfindet.

Kleine Bergstadt mit Wow-Faktor

Eversberg

Im Sauerland, dem Land der tausend Berge, ist es nicht ungewöhnlich, dass sich schon in frühen Zeiten, die Menschen auf den Bergplateaus ansiedelten. Zum Schutz vor Angreifern hatte man von hier oben stets den Überblick, wer sich näherte. Ihren Namen verdankt Eversberg dem umliegenden Wald- und Wildreichtum, denn besonders Eber soll es hier in hohem Maße gegeben haben. Das alte Stadtwappen ziert deshalb auch ein solches Tier. Eversberg entstand im Jahre 1242 mit dem Erhalt der Stadtrechte durch den Grafen Gottfried III. von Arnsberg. Gut sichtbar thront die alte Burgruine auf dem Gipfel des Schlossbergs. Unverkennbar präsentiert sie sich mit ihrer wehenden blau-weißen Fahne all jenen, die aus Richtung Norden über die A 46 ins Sauerland fahren. Neben der Pfarrkirche und dem Alten Rathaus zählt sie zu den drei Wahrzeichen der Stadt.

Die Besichtigung dieser drei für die Stadt so bedeutsamen Orte gehören zum touristischen Pflichtprogramm und sie liegen im Ortsmittelpunkt dicht beieinander. Deshalb bietet es sich an, den Stadtrundgang im Zentrum am historischen Rathaus zu beginnen.

4

Anreise Pkw/Parkplatz: Parkplätze befinden sich unter anderem an der Mittelstraße/Marktstraße rund um das historische Rathaus.

Anreise ÖPNV: Eversberg ist vom Busbahnhof Meschede zum Beispiel mit der Buslinie C3 zu erreichen.

Besonderheiten: Die Wahrzeichen der Stadt – Burgruine, Altes Rathaus, Pfarrkirche. Dazu das Heimatmuseum

Das historische Rathaus von Eversberg mit seiner stattlichen Freitreppe

Das schmucke Gebäude glänzt mit einigen interessanten Details. Natürlich handelt es sich bei dem Bauwerk um ein für das Sauerland typisches Fachwerkhaus, das jedoch mit stattlichen Besonderheiten ausgestattet ist. Die eindrucksvolle, doppelläufige Freitreppe mit dem geschmiedeten Geländer, das zweiteilige Mansarddach aus Naturschiefer mit den hübschen Dachhäuschen, die übergiebelte Eingangstür und der gepflasterte Vorplatz verleihen dem Schmuckstück einen romantischen Ausdruck. Neben der Eingangstür befinden sich links und rechts zwei ganz außergewöhnliche Dekorationen. Links guckt den Betrachter ein Wildschweinkopf an, rechts prangen die Jagdtrophäen eines Hirsches. Die alten Relikte stammen aus dem 17. Jahrhundert und wurden von Eversberger Bürgern erlegt. Heute beinhaltet das historische Rathaus eine Nebenstelle der Stadtbücherei Meschede und einen Konferenzsaal. Auch Trauungen können hier auf Wunsch abgehalten werden.

Tipp

Martinsmarkt

Jedes Jahr im November findet in der Bergstadt Eversberg der Martinsmarkt statt. Zahlreiche Kunsthandwerker bieten hier ihre Waren feil. So glänzt die historische Stadt im Charme vergangener Zeiten. Die Besucher können durch ein vielseitiges Sortiment stöbern und liebevoll handgefertigte Produkte wie Schmuck, Seifen oder Holzarbeiten erwerben. Köstliche Leckereien, die die örtlichen Gastronomen anbieten, laden zum ausgiebigen Schlemmern ein. Manche Kunsthandwerker bieten Mitmachaktionen für Groß und Klein an, so dass das nächste Weihnachtsgeschenk auch selbst gebastelt werden kann. Durch das Engagement der Eversberger ist der Martinsmarkt im Sauerland mittlerweile zu einer echten Kultveranstaltung avanciert.

Der alte Stadtkern von Eversberg im Bereich des Rathauses ergänzt das gesamthafte, malerische Ambiente mit seinen aparten Fachwerkhäusern, die sich rund um den Marktplatz reihen.

Die prachtvolle barocke Innenausstattung der Pfarrkirche St. Johannes

Das Juwel des Ortes ist die Pfarrkirche St. Johannes. Ausdrucksstark setzt sich der gewaltige Westturm von der ansonsten nach außen hin schlicht gehaltenen, dreijochigen Hallenkirche ab. Innen präsentiert sie sich mit einer prachtvollen Barockausstattung. Unmittelbar daneben finden Sie das Mühlenkaisers Haus in der Marktstraße 13, das sich besonders durch seinen verspielten Fachwerkgiebel und die zahlreichen Schnitzereien und Haussprüche hervorsticht. Schräg gegenüber in der Marktstraße 2 steht das Markes Haus. Eine lange Zeit war es das Wirtshaus von Eversberg und so könnte es sicher zahlreiche Anekdoten erzählen. 1929 wurde es von dem ehemaligen Inhaber Gerhard Hengesbach und seiner Frau an Josef Droege verkauft. Er wollte in dem Gebäude einen Hotelkomplex errichten, schaffte es aus gesundheitlichen Gründen aber nur bis zu einem Kneipenbetrieb, „Zum grünen Fuchs" genannt, der sich in dem Kellerbereich befand. Die weiteren Pläne wurden nicht verwirklicht und schließlich stand das Haus fast 15 Jahre leer. Um weiteren Schaden durch den Leerstand an dem Gebäude zu vermeiden und es einer neuen Nutzung zukommen zu lassen, gründeten die Eversberger die gemeinnützige Gesellschaft „Bergstadt Eversberg gGmbH" und kauften es für einen symbolischen Euro. Bald darauf entstand die Idee, an diesem Ort ein Kulturzentrum entstehen zu lassen. Zusammen mit der Künstlervereinigung „VillaKünstlerBunt e. V." aus Meschede konnte das Projekt Kunst und Kultur in Angriff genommen werden. Seit 2005 wurde das Gebäude kontinuierlich renoviert und mittlerweile wird hier ein vielfältigen Kursangebot für Kinder und Erwachsene geboten.
Widmen Sie sich nun dem dritten Wahrzeichen des Ortes, der Burgruine, und gehen Sie rechts am Mühlenkaisers Haus vorbei. Am Schloßberg zweigen Sie links ab und folgen der Straße. Zur Rechten entdecken Sie nach einer Rechtskurve den historischen Wasserhochbehälter aus dem Jahr 1893. Er diente bis 1955 als Speicher für Siedlungs- und Löschwasser. Das Reservoir wurde aus den etwa 75 Metern höher gelegenen und 4,5 Kilometern entfernten Quellen „Am Stimmstamm" aus dem Arnsberger Wald gespeist. Nach der Umrundung der Schlossberghalle, die als Turn- und Schützenhalle dient, gelangen Sie zur Burgruine.

Die Burgruine aus dem 13. Jahrhundert

Sie steht auf einer Anhöhe auf 453 Metern über NN am südlichen Bergzipfel Eversbergs. Errichtet wurde sie im 13. Jahrhundert durch Graf Gottfried III., der damit seine Grafschaften gegen den Erzbischof von Köln stärken wollte. Von der einstigen Burg ist heute lediglich ein steinerner Turm vorhanden, der als Aussichtsturm begangen werden kann. Eine Holztreppe führt Sie hinauf auf den Balkon, von dem das Panorama über die Landschaft und den Ort besonders eindrucksvoll ist. Welche Sehenswürdigkeiten Sie in der Umgebung erblicken können, erläutert Ihnen eine Tafel aus Bronze. Besonders hübsch ist es hier oben im Winter, wenn die Stadtfahne durch einen beleuchteten Stern ausgetauscht wird.

Nach dem kleinen Exkurs auf die Burg geht es zurück in den historischen Ortskern. Hier können Sie nun gemütlich durch die schmucken Straßen schlendern. Dabei sind an vielen Stellen noch liebevoll verzierte Fachwerkhäuser zu bestaunen. Gehen Sie links an der Pfarrkirche vorbei und zweigen links in die Straße An der Kirche ab, entdecken Sie Willmes Haus mit der Nummer 8. Studieren Sie ruhig einmal die Inschriften mit einem christlichen Schutzspruch und einem Hinweis auf die Erbauer des Hauses. Schlängeln Sie sich dann durch den kleinen Stichweg parallel des Hauses bis zum Burghagenweg, können Sie nach einem kurzen Abstecher nach links die Überreste der historischen Stadtmauer besichtigen. Anhand alter Aufzeichnungen konnte der Verlauf des Befestigungsringes zum Teil noch rekonstruiert werden. 1992 wurden das Nord- und das Südtor anlässlich der 750-Jahrfeier nachgebaut.

Möchten Sie etwas schmunzeln, begeben Sie sich von hier aus gen Süden des Ortes zu den beiden verzierten Fachwerkhäusern in der Johannisstraße 21 und anschließend in die parallel verlaufende Mittelstraße 17. Nicht immer sind die geschnitzten Inschriften frommer Natur und so ist hier zu lesen: „Get's dir gut, hast du Freunde, get's dir schlecht, hast du keine" oder „Bauen macht Lust, was es kostet, hab ich nicht gewusst" – manch wahres Wort. Wenige Schritte entfernt erreichen Sie in der Mittelstraße 15 Sieverings Haus. Das eindrucksvolle Fachwerkanwesen datiert auf das Jahr 1686 und wurde 1690 mit einem doppelgeschossigen Anbau erweitert. Heute befindet sich ein Hotel in dem ansehnlichen Bau. Unter zwei schattenspendenden Bäumen können Sie auf der gemütlichen Terrasse Platz nehmen und sich die frischen, regionalen Speisen schmecken lassen. Lassen Sie in Ruhe den charmanten Ort auf sich wirken.

Ein Stück weiter gelangen Sie wieder zum Alten Rathaus und damit in den Bereich Ihres Ausgangspunktes. Zur Linken passieren Sie

Am Weg

Engeln Haus und Heimatmuseum

Eingehend empfohlen wird einem jeden Gast Eversbergs ein Besuch im Heimatmuseum in der Mittelstraße 12. Das Museum gibt einen Einblick in die Sauerländer Heimatgeschichte und enthält zahlreiche zusammengetragene Gegenstände aus dem bäuerlichen und handwerklichen Bereich. So wird das Leben der Vorfahren bei der Arbeit und im Haus anschaulich dargestellt. Besucher erhalten somit einen umfangreichen Überblick über die Kultur- und Ortsgeschichte.
https://museum-eversberg.de.

dabei den Dr.-August-Pieper-Platz. Ein Kinderspielplatz lädt die Kleinsten zum Toben ein und vielleicht haben Sie Glück und aus dem Musikpavillon, der natürlich in traditionellem Fachwerkdesign erstrahlt, erklingen ein paar fröhliche Lieder.
Haben Sie noch nicht genug von Eversberg gesehen, gehen Sie über den Platz auf das Alte Feuerwehrgerätehaus zu. Mit seinem bezaubernden Fachwerkturm wirkt es wie ein kleines Schlösschen. Als Letztes werfen Sie doch noch mal einen Blick auf das Alte Rathaus und das nahegelegene Gebäude in der Johannisstraße 4. Fällt Ihnen etwas auf? Die Grundschule St. Johannes, die auch heute noch von vier Schulklasse besucht wird, wurde im gleichen Stil wie das Rathaus erbaut. Ein ansehnlicher Hingucker im Ortskern.

Abstecher

Lörmecketurm

Ein Abstecher in die Natur entführt Sie zum Lörmecketurm. Der 35 Meter hohe Aussichtsturm bietet eine traumhafte Sicht über die Region und auf Eversberg. Erbaut wurde er aus 144 Douglasienrundhölzern von je 12 Meter Länge. Kleine Tafeln auf der Aussichtsplattform informieren über die Orte, die es von oben zu sehen gibt.

Gastronomie:

Lindenhof Eversberg
Traditionelle und mediterrane Gerichte mit der extra Portion Kreativität.
www.lindenhof-eversberg.de

Bäckerei Hahne
Frische Backwaren von den Genusshandwerkern.
www.backhandwerk-hahne.de

Dollen Hof
Richtig sauerländisch – uriger Gasthof im Herzen Eversbergs.
https://dollenhof.de

Durch verwinkelte Gassen zurück ins Jahr 1780

Hallenberg

Hallenberg ist eins der Bilderbuchstädtchen im Sauerland. Fachwerkhäuser mit Türmen, Giebeln, Erkern und Spitzdächern, liebevoll verzierten Eingangstüren und Portalen, Sprossenfenstern und denkwürdigen Inschriften bezaubern genauso wie die verwinkelten Gassen mit ihrem urtümlichen Kopfsteinpflaster. Die südlichste Stadt im Hochsauerlandkreis wurde bereits 1231 gegründet; der historische Stadtkern entstand um 1780. Straßennamen wie An der Mauer, Grabenstraße oder Wallstraße machen auch heute noch auf die mittelalterliche Vergangenheit aufmerksam. Eng verwoben mit der Geschichte ist auch das Bierbrauen in Hallenberg. Bereits um 1543 genoss das Hallenberger Bier legendären Ruf, der allerdings 1961 verhallte. Doch seit 2018 lebt die Tradition auf und aus original Sauerländer Hopfen und Gerste kann dem Biergenuss wieder gefrönt werden.

5

Anreise Pkw/Parkplatz: Parkmöglichkeiten befinden sich zum Beispiel am Rathausplatz oder am Heinrich-Hugo-Platz.

Anreise ÖPNV: In Hallenberg ist die zentral gelegene Haltestelle Heinrich-Hugo-Platz mit den Buslinien S50, R44 oder 364 zu erreichen.

Besonderheiten: Verwinkelte Gassen, St.-Heribert-Kirche, Petrusbrunnen, Miniaturversion des Heidekopfturms, Eishäuschen

Die Umgebung von Hallenberg ist von einer weitläufigen Naturlandschaft geprägt. Wanderer und Naturbegeisterte können die herrliche Region auf verschiedenen Routen erkunden und von Aussichtstürmen wie dem Heidekopfturm ein sagenhaftes Panorama genießen.

Blick auf die malerische Altstadt Hallenbergs

Herzstück der historischen Altstadt ist die katholische Pfarrkirche St. Heribert mit ihrer barocken Ausstattung. Erbaut wurde sie etwa um 1250 für die Einwohner der kurz zuvor gegründeten Stadt. Eine Besonderheit der Kirche ist eine Ausmalung im Renaissance-Stil aus dem Jahre 1588, die bei Restaurierungsmaßnahmen

Herzstück der historischen Altstadt: die katholische Pfarrkirche St. Heribert

entdeckt wurde. Eine mit Blumen geschmückte Mauer zieht sich um die Kirche. Wege und Straßen zieren ein urtümliches Kopfsteinpflaster. Wunderbar romantisch wird es am Abend, wenn es dunkel ist und die Laternen das Areal in ein schummriges Licht tauchen. Dann könnte die Stimmung nicht bezaubernder sein. Ein Ensemble aus malerischen Fachwerkhäusern gruppiert sich rings um die Kirche. Als schmucker Hingucker glänzt das Baudenkmal Kump am Marktplatz mit seinem dreigeschossigen Fachwerkturm, der rundbogigen Eingangstür und der bemerkenswerten Schieferhaube. In dem Gebäude befindet sich heute die Touristinformation, zusammen mit dem Haus des Gastes, dem historischen Stadtarchiv und einem Infozentrum. Dort informiert eine Ausstellung Besucher über die regionale Wirtschaft, Kultur, Brauchtum, Geschichte, Touristik und Natur. Im Außenbereich auf der Rückseite können Sie sich durch einen Kräutergarten schnuppern.

Auf der Vorderseite haben Sie den historischen Petrusbrunnen bestimmt schon entdeckt. Er wurde 1725 aus Sandsteinplatten errichtet und ist seitdem Schmuckstück des Platzes und war früher ein wichtiger Bestandteil der Wasserversorgung im Ort. Der heilige Petrus als Stadtpatron, das Hallenberger Wappen und ein Drache zieren den Brunnen. Sie sollen symbolisch für die drei Sphären stehen, den Himmel, die Erde und die Unterwelt.

Tipp

Krachnacht

Besuchen Sie Hallenberg in der Osternacht am Karsamstag und vergessen Sie die Ohrstöpsel nicht. Punkt Mitternacht beginnt in der historischen Kulisse ein mystisches Spektakel, die Krachnacht. Woher die Tradition rührt, ist nicht bekannt, aber sie soll weltweit einmalig sein. Um null Uhr wird es zunächst ganz still und dunkel, dann schlägt die Uhr des Kirchturms und der Burschenverein singt das Passionslied „Ihr Sünder kommt gegangen". Anschließend ertönt das Startsignal für den Auftakt der Krachnacht. Mit selbst gebauten Instrumenten, die nichts als Lärm verursachen sollen, ziehen die Burschen dann gut anderthalb Stunden durch die Straßen rund um die Kirche. Drei große, rot leuchtende Kreuze und Lampionbäume sorgen für die schaurige Beleuchtung der Szenerie. Dieses Schauspiel wird Ihnen in Erinnerung bleiben. Anschließend geht das Vergnügen in den Hallenberger Kneipen weiter.

Spazieren Sie nun gemütlich durch die kleinen Gassen und über den Markt- sowie den Rathausplatz. Lauschen Sie dem Klappern der Schuhe auf dem Kopfsteinpflaster. Genießen Sie den Charme der Vergangenheit in der Burgstraße, Am Kump, der Vogelecke oder der Mariengasse. Überall gibt es verträumte Orte zu entdecken.

Romantische Fachwerk- und Altstadtarchitektur im Ortskern

Am Rathausplatz Ecke Ortstraße steht das repräsentative Rathaus der Stadt Hallenberg. Das denkmalgeschützte Gebäude ist nicht in Fachwerkbauweise errichtet, so wie viele der umliegenden Häuser, sondern aus Sandstein. Im Sommer ziert hübscher Blumenschmuck die Fenster. Das Rathaus stammt aus dem Jahr 1843. Heute beherbergt es immer noch die Stadtverwaltung. Dazu finden regelmäßig Kunstausstellungen unter dem Motto „Kunst im Rathaus“ statt.

Folgen Sie der Ortstraße auf der Rückseite des Infozentrums und passieren den Hof Hallenberg. In dem historischen Fachwerkhaus, einst ein Ackerbürgerhaus vermutlich aus dem 17. Jahrhundert, lebten früher Bauernfamilien. Heute können Sie hier in gemütlichem Landhausstil übernachten. Nur ein paar Schritte entfernt finden Sie den Brauhof Hallenberg. Der ehemalige Fachwerkstall mit Heuboden beherbergt jetzt die Brauerei, in der Sie das Hallenberger Landbier erstehen oder an einer Besucherführung mit Bierprobe teilnehmen können. Die wichtigsten Zutaten für das Gebräu kom-

Ein Hingucker in der Hallenberger Altstadt: das Rathaus

men übrigens aus der Region. Hopfen und Gerste wachsen auf den Hallenberger Äckern. Das Brauwasser kommt aus der Tiefenquelle Struth im Hallenberger Naturschutzgebiet. Lassen Sie es sich schmecken. Prost!

Die Ortstraße mündet in die Straße An der Mauer. Halten Sie sich links bis zur Merklinghauser Straße und biegen Sie zweimal hintereinander rechts ab in die Grabenstraße. Sie laufen hier auf eine Miniaturnachbildung des Heidekopfturms zu, der anlässlich der 775-Jahr-Feier Hallenbergs gebaut wurde, und finden zu Ihrer Linken den Marienpark. In der hübschen Grünanlage lässt es sich wunderbar verweilen. Für Kinder gibt es dazu einen Spielplatz. Mitten durch die grünen Wiesen plätschert idyllisch die Weife. Streifen Sie die Schuhe ab und tauchen Sie die Füße für ein erquickendes Fußbad in das frische Wasser oder nehmen Sie Platz und träumen Sie sich auf einer der gemütlichen Bänke in die Vergangenheit. Die katholische Wallfahrtskirche Mariä Himmelfahrt ist in die Grünanlage integriert. Erstmals urkundlich erwähnt wurde sie im Jahr 1002. Einige Ausmalungen im Langhaus werden auf das Jahr 1120 datiert. Besonders bemerkenswert und immer noch geheimnisvoll sind die Abbildungen phantastischer Fabelwesen, deren Bedeutungen bis heute nicht klar sind.

Der Marienpark lädt zum Verweilen ein.

Am Weg

Eishäuschen – das coolste Museum in NRW

Mitten im Marienpark steht an einem beschaulichen Teich das Eishäuschen. Das steinerne Gebäude wurde 1950 von der Dortmunder Actien-Brauerei errichtet, nachdem der Vorgängerbau aus Holz von 1915 abgebrannt war. Das Eishäuschen diente zur Lagerung von Eisblöcken, die im Winter mühevoll aus den umliegenden Bachen Nuhne und Weife geschlagen wurden. Dieses Eis wurde wiederum in den Sommermonaten zur Kühlung von Speisen und Getränken der örtlichen Gastwirtschaften benötigt. Erst als in den 60er-Jahren Kühlschränke und Kühlanlagen ihren Einzug in die Gastronomie und die Haushalte feierten, verlor das Eishäuschen an Bedeutung und es verfiel zusehens. 2010 begann jedoch eine neue Ära mit ganz ähnlicher Nutzung. Heute beinhaltet das Eishäuschen gewissermaßen immer noch Eis. Es gilt als das kleinste und coolste Museum Nordrhein-Westfalens, in dem der Künstler Joachim Knorra seine Eisskulpturen ausstellt.

www.eishaeuschen-hallenberg.de

Abstecher

Freilichtbühne – Theater im alten Steinbruch

Seit 1946 befindet sich in Hallenberg eine Freilichtbühne. Die Arena an der frischen Luft wurde in einem ehemaligen Steinbruch errichtet. Über 1400 Besucher können die Aufführungen besuchen, die von etwa 140 Mitwirkenden gestaltet werden. In all den Jahren wurden bereits über 100 Stücke inszeniert, die über 1,1 Millionen Besucher unterhalten haben. Die Aufführungen reichen von Kinder- und Familienstücken über Erwachsenentheater bis zur Passion, die es traditionell nur alle zehn Jahre gibt.
Programm und Tickets unter:
www.freilichtbuehne-hallenberg.de

Abstecher

Winterberg

Knappe 15 Kilometer von Hallenberg befindet sich der bekannte Urlaubsort Winterberg. Während es in Hallenberg gemächlich zugeht, herrscht in Winterberg oft geselliger Trubel. Im Zentrum Winterbergs befindet sich ebenso eine kleine historische Altstadt, die es lohnt zu erkunden. Der ringförmige Straßenverlauf kennzeichnet heute noch den mittelalterlichen Grundriss, zu dem einst auch eine Stadtmauer und Stadttürme gehörten. Inmitten der hübschen Innenstadt laden zahlreiche Geschäfte zum Bummeln und Cafés und Restaurants zur Einkehr ein. Ein historisches Highlight ist die Winterberger Kirche. Die Hallenkirche aus dem 13. Jahrhundert ist eine Station auf dem Pilgerweg nach Santiago de Compostela.

Gastronomie:

Sauerländer Hof
Traditionelle Gerichte in überraschender Art serviert.
www.sauerlaenderhof-hallenberg.de

Helga's Waffelstübchen
Waffel- und Kaffeekreationen zum entspannten Genuss.
www.waffelstuebchen.com

Landgasthaus Zum wilden Zimmermann
Eine kulinarische Reise durch Deutschlands Küche.
https://sauerland-powerland.com

Verborgene Romantik
in der größten Stadt
des Sauerlands
Iserlohn

Iserlohn gliedert sich in eine Altstadt und eine Neustadt. Beide liegen dicht beieinander und könnten doch nicht unterschiedlicher sein. In der modernen Innenstadt mit ihrer Fußgängerzone finden sich zahlreiche Geschäfte; von großen Handelsketten bis zu individuellen Lädchen ist für jeden Geschmack etwas dabei und das Kulinarische kommt auch nicht zu kurz. Zweimal wöchentlich lädt ein Wochenmarkt zum Stöbern, Einkaufen und Quatschen ein, für die Iserlohner ist er ein beliebter Treffpunkt. In der Altstadt rund um den Fritz-Kühn-Platz verstecken sich wahre Schätze mit historischem Hintergrund. Die traumhafte Parkanlage, um die sich die geschichtsträchtigen Häuser scharen, bietet sich für eine Ruhepause an. Nehmen Sie Platz im Schatten der Baumriesen, breiten Sie eine Decke aus, lesen Sie ein gutes Buch oder plaudern Sie mit Freunden. Machen Sie es sich gemütlich und lassen Sie den Gedanken freien Lauf. Die Miniaturausgabe eines Central Parks ist ein verstecktes Kleinod inmitten der größten Stadt des märkischen Sauerlands. Aber sehen Sie selbst.

6

Anreise Pkw/Parkplatz: Parkmöglichkeiten befinden sich unter anderem im Parkhaus Altstadt, An der Schlacht 13 oder direkt am Fritz-Kühn-Platz in der Inselstraße.

Anreise ÖPNV: Über den zentral gelegenen Stadtbahnhof können Sie Iserlohn bequem per Bus und Bahn erreichen.

Besonderheiten: Fritz-Kühn-Platz mit historischen Gebäuden, Stadtmuseum, Luftschutzstollen, imposante Sakralbauten, Innenstadt zum Bummeln

Idealerweise beginnen Sie Ihren Stadtbummel am Fritz-Kühn-Platz, bevor Sie sich in den Trubel der Innenstadt stürzen. Atmen Sie tief durch und schauen Sie sich um, denn hier gibt es an jeder Ecke etwas zu entdecken. Den Anfang macht das Stadtmuseum Iserlohn. Es befindet sich in einem der schönsten barocken Gebäude der Stadt. Mit seiner Freitreppe, dem schmiedeeisernen Geländer, den hohen Sprossenfenstern und den Erkern im Dach, wirkt es wie ein Barockschloss. Das Baujahr wird auf etwa 1763 datiert.

Am Weg

Stadtmuseum

Das Stadtmuseum zeigt die Entwicklung der Region und der Stadt Iserlohn von der Ur- und Frühgeschichte bis heute. Themen sind die geologische Entstehung der Landschaft, die Wirtschaftsgeschichte der Stadt mit ihrer Draht-, Nadel- und Messingindustrie sowie Soziales und Politisches. Sie können das Museum selbst durchstöbern und im Rahmen einer Führung weitere wissenswerte Details erfahren. Der Luftschutzstollen aus dem Jahr 1943, der sich unweit des Museums in der Altstadt befindet, wird ebenso durch das Stadtmuseum betreut. Besichtigungen sind auch im Zuge einer Führung möglich.
www.iserlohn.de/kultur/museen

Die St.-Pankratius-Kirche inmitten der Grünanlage am Fritz-Kühn-Platz

Direkt gegenüber dem Stadtmuseum erhebt sich die evangelische St.-Pankratius-Kirche. Ihr genaues Baujahr ist nicht bekannt; fest steht jedoch, dass sie Iserlohns ältestes erhaltenes Bauwerk ist, mit Mauern, die schon vor über 1000 Jahren errichtet wurden. Der spitze Turm, ältester Bestandteil der Kirche, ist rund 60 Meter hoch und beherbergt seit 2009 die fünf Bronzeglocken Wahrheit, Glaube, Liebe, Hoffnung und Gnade, die die alten Stahlglocken ersetzt haben. Ebendiese haben ihren Platz zur Erinnerung neben der Kirche unter einem schützenden Dach gefunden. Die Pankratiuskirche wird auch als Bauernkirche bezeichnet. Dies hat seinen Ursprung darin, dass die Kirche nach dem Bau der mittelalterlichen Stadtmauer außerhalb der Mauern lag. Während die Einwohner Iserlohns deshalb zum Gottesdienst in die neuere Marienkirche (Oberste Stadtkirche) innerhalb der Stadtmauer gingen, besuchte die ländliche Bevölkerung außerhalb der Mauern die Pankratiuskirche. Besonders stolz ist man heute auf die erst 2019 neu eingeweihte Orgel im Kircheninneren.

Gehen Sie weiter um den Fritz-Kühn-Platz, dann entdecken Sie hinter dem Kinderspielplatz den Eingang zu dem alten Luftschutzstollen. In dem gut 200 Meter langen Stollen konnten im 2. Weltkrieg rund 2000 Iserlohner Bürger und Bürgerinnen Schutz suchen. Einige

Meter höher gelegen, und damit im Mittelalter innerhalb der Stadtmauer, können Sie nun die evangelische Marienkirche sehen. Sie entstand etwa Mitte des 14. Jahrhunderts. Gleich daneben erhebt sich burgartig der ehemalige Burgmannshof aus dem Jahr 1260. Das Gebäude wurde neben dem früheren Stadttor in die Stadtmauer gebaut. Im Laufe der Zeit diente es als Lateinschule, Stadtgefängnis und sogar Kindergarten. Heute befindet sich im Inneren das Burgarchiv des evangelischen Gemeindeverbands mit der Varnhagenschen Bibliothek. Die Familienbibliothek der Iserlohner Pfarrersfamilie enthält 1800 Bücher aus dem Zeitraum zwischen 1485 und 1850 und wurde in das Handbuch der historischen Buchbestände aufgenommen. Bevor Sie die imposante Treppe nebenan hochsteigen, um zur Innenstadt zu gelangen, vollenden Sie noch Ihren Rundgang um den Fritz-Kühn-Platz, denn Sie haben noch nicht alles gesehen.
Das Café Restaurant Schnöggel, dessen Name umgangssprachlich für Feinschmecker steht, befindet sich in einem alten Fachwerkhaus, das 2019 umfangreich kernsaniert wurde, damit anschließend ein Gastronomiebetrieb den historischen Platz ergänzen kann. Hier können Sie in charmanter Umgebung Platz nehmen und es sich schmecken lassen. Zuletzt wartet am Fritz-Kühn-Platz noch das historische Zeughaus auf Sie. Ursprünglich diente es der Lagerung von Materia-

Bezaubernde Abendstimmung am Fritz-Kühn-Platz

lien zur Kriegsführung und Verteidigung. Später beherbergte es erst einen Tuchhandel, dann wurde es zum Wohn- und Geschäftshaus. Heute können Sie hier das Museum für Handwerk und Postgeschichte besuchen und Interessantes zum märkischen Handwerk sowie zur Postgeschichte Iserlohns erfahren. Bei schönem Wetter genießen Sie anschließend noch einmal die Ruhe und Behaglichkeit des Platzes, bevor Sie sich in den Trubel stürzen. Nun dürfen Sie die eindrucksvolle Treppe Am Bilstein hoch marschieren und der Straße folgen, wobei Sie den Kurt-Schumacher-Ring überqueren und damit die Innenstadt erreichen.

Das bunte Geschäftsleben hüllt Sie ein. Was für ein Kontrast nach der Romantik am Fritz-Kühn-Platz. Doch schauen Sie genau hin, welches historische Schätzchen sich zwischen den modernen Neubauten verborgen hält. Glanz und Gloria längst vergangener Zeiten erwachen beim Anblick des Alten Rathauses am Rathausplatz. Wie eine Miniversion des Buckingham Palastes posiert das schmucke Gebäude neben der avantgardistischen Architektur der angrenzenden Geschäftsbauten. Das Rathaus entstand 1875. Geplant hatte es der Iserlohner Architekt und Bauunternehmer Wilhelm Raffloer. Im Inneren des denkmalgeschützten Hauses ist heute die Stadtbücherei Iserlohns beheimatet. Flanieren Sie weiter durch die Fußgängerzone in der Wermingser Straße, schenken Sie während des Shopping-Erlebnisses auch der Reformierten Kirche Iserlohns aus dem Jahr 1718 einen Augenblick Ihre Aufmerksamkeit. Das hübsche Gemäuer aus Bruchstein sticht zwischen Geschäften für Bekleidung, Schuhe, Bücher und Schmuck hervor.

Das pompöse Alte Rathaus

Zweigen Sie später links in die schmale Laarstraße ab, treffen Sie kurz vor dem Schillerplatz auf den Lebensfreude-Brunnen des Künstlers Bonifatius Stirnberg. Die musikalischen Gesellen, die sich rund um das heitere Bäumchen und die Sonne fügen, sind drehbar. Probieren Sie es aus. Dann wenden Sie sich der Turmstraße zu und erreichen den mit Bäumen hübsch gestalteten Marktplatz, um den sich gemütliche Einkehrmöglichkeiten gruppieren. Von hier aus geht es über die Wasserstraße und links in die Unnaer Straße zurück zum Alten Rathaus. Wenn Sie die Taschen noch nicht voll haben, dann drehen Sie ruhig noch eine Runde.
Iserlohn punktet nicht nur mit einer abwechslungsreichen Altstadt, sondern auch mit einigen Sehenswürdigkeiten in der Umgebung. Noch mehr Geschichtliches bietet die Historische Fabrikanlage Maste-Barendorf. Faszinierende Naturwelten finden Sie in der Dechenhöhle. Einen Ausblick über Ort und Land genießen Sie vom Danzturm. Freizeitspaß und Erholung sind am Seilersee gesichert. Und so bietet die Stadt mehr Programm, als sich an einem Tag erleben lässt.

Abstecher

Stadtwald und Danzturm

Zu den Must-dos in Iserlohn zählt auch ein Rundgang durch den Stadtwald mit einem Besuch des Danzturms. Hier verbinden Sie einen Waldspaziergang mit einem weiteren Detail der Stadtgeschichte. Das bezaubernde Gemäuer erhielt seinen Namen zum Gedenken an Professor Ernst Danz, der sich als Ehrenbürger Iserlohns für seinen Einsatz rund um das höhere Schulwesen und die Aufforstung des Iserlohner Stadtwaldes verdient gemacht hatte. Genießen Sie einen unvergleichlichen Blick über die Region und einen Spaziergang durch den Wald. Anschließend haben Sie die Möglichkeit, im Restaurant des Danzturms einzukehren.
www.danzturm-iserlohn.de

Abstecher

Historische Fabrikanlage Maste-Barendorf

Die Historische Fabrikanlage mutet wie ein kleines Fachwerkdorf an. In diesem kleinen Dorf wurde einst kräftig gewerkelt. Verschiedenste Handwerksbetriebe waren hier ansässig und zogen Draht, walzten Messing, gossen Eisen und schmiedeten, was das Zeug hielt. Die Anlage wurde 1822 von den Fabrikanten Johannes Dunker und Franz Maste gegründet. Sie vereinten damit verschiedene Gewerke, um ihnen zu besserem Erfolg zu verhelfen, was ihnen auch gelang, denn die Waren wurden international verkauft. Heute ist die Historische Fabrikanlage eine einmalige Museumslandschaft und eines der bedeutendsten industriekulturellen Denkmäler Südwestfalens. Die Anlage ist von außen frei zugänglich, also nehmen Sie sich Zeit und wandeln Sie gemächlich durch das hübsche Fachwerkensemble. Rundherum reihen sich zudem eine Menge Kunstwerke, für Kinder gibt es einen Spielplatz und zur Einkehr ein schnuckeliges Café.
www.museen-iserlohn.de.

Museum SASE

Sie suchen etwas weltweit Einmaliges, dann besuchen Sie die SASE, das Museum zur Geschichte der Abfallsammlung und Kreislaufwirtschaft. Sie ist die weltweit größte Ausstellung zum Thema „Urbaner Umweltschutz".
https://sase-iserlohn.de

Gastronomie:

Am Schnöggel
Feinschmeckereien von Süß bis Herzhaft.
www.schnoeggel.de

Restaurant im Danzturm
Essen mit Aussicht in historischem Ambiente.
www.danzturm-iserlohn.de

Jagdhaus „Im Kühl"
Deutsche und westfälische Küche, bewusst regional, mit kreativen Ideen.
www.jagdhaus-kuehl.de

Auf Zeitreise mit Engelbärt

Lüdenscheid

In dem Straßengewirr von Lüdenscheid hebt sich ein Teil ganz besonders vom Stadtbild ab, die Altstadt. Kreisrund und akkurat wie mit einem Zirkel gezogen verlaufen ihre Straßen rund um das Herzstück im Mittelpunkt, die evangelische Erlöserkirche. In den engen Gassen kuscheln sich kleine Häuser dicht aneinander, als gäben sie sich gegenseitig Schutz. Kopfsteinpflaster überzieht die Wege. Am Straßenrand stehen hübsche Laternen. Jede Fassade ist anders und wird von liebevollen Details geschmückt. Die prächtigen Gebäude spiegeln die Architektur verschiedenster Epochen wider. Entlang der Straßen in der Altstadt finden Sie gemütliche Cafés, Lokale und bezaubernde Geschäfte. Während Sie durch die historischen Gassen schlendern, zieht Sie die einladende Atmosphäre in Ihren Bann.

Wenn Sie der Altstadt-Tour folgen, die der Geschichts- und Heimatverein mit den Visionären der Stadt Lüdenscheid gestaltet hat, werden Sie zu insgesamt 23 Orten in der Lüdenscheider Altstadt geführt und erfahren dabei allerhand Geschichtliches. Die Tour ist

7

Anreise Pkw/Parkplatz: Parkpalette Turmstraße oder Parkplatz Lüdenscheid in der Martin-Niemöller-Straße

Anreise ÖPNV: Sie erreichen den zentral gelegenen Bahnhof bequem mit Bus und Bahn und von hier aus die Innen- und Altstadt in knapp 10 Minuten zu Fuß.

Besonderheiten: Kirchplatz mit umliegenden engen Gassen und historischen Gebäuden, Altes Rathaus, klassizistische Bürgerhäuser, Stadtmuseum auch bestens für Familien geeignet, denn für Kinder wurden die Informationen extra aufbereitet und werden von einem kleinen geflügelten Bären, den Engelbärt, übermittelt. Er steht als Synonym für den Stadtgründer Lüdenscheids, Graf Engelbert I. von der Mark.

Blick auf die Altstadt aus der Vogelperspektive

Lüdenscheid erhielt die Stadtrechte im Jahre 1268. Doch trotz einer über 750-jährigen Geschichte sind viele Gebäude nicht älter als 288 Jahre. Grund dafür sind die sechs Stadtbrände, von denen der letzte 1723 die Stadt innerhalb kürzester Zeit in Schutt und Asche legte. Wenn Sie auf dem malerischen Kirchplatz stehen, um den sich kreisförmig die Gebäude mit ihren romantischen Fassaden zu drängeln scheinen, als müssten sie ihren Platz in der ersten Reihe verteidigen, erahnen Sie nichts von Katastrophen, Feuer und Staub. Stattdessen umhüllt Sie der Charme der Vergangenheit wie ein wärmender Mantel. Im Zentrum des Kirchplatzes wacht die evangelische Erlöserkirche. Sie beziehungsweise ihre Vorgänger wurden bereits 1067 erstmals urkundlich erwähnt. Der romanische Turmschaft aus dem 11. Jahrhundert soll das älteste erhaltende Bauwerk der Stadt sein. Viel Grün gibt es in Lüdenscheids Altstadt nicht, zu eng beieinander stehen die Häuser. Lediglich rund um die Kirche und den Kirchplatz schaffen Wiesen und Bäume dem Areal ein natürliches Umfeld und laden genauso wie die charmanten Cafés zum Verweilen ein. Schauen Sie sich um, noch ein weiteres Gebäude prägt das Umfeld, das Alte Rathaus. Es stammt aus dem Jahr 1874 und wurde im Stil italienischer Renaissance-Palazzi erbaut. Es wirkt fast ein wenig deplatziert, scheint eher auf den Markusplatz nach Venedig zu gehören, doch auf seine eigene Art und Weise ergänzt es die Atmosphäre in der Altstadt perfekt. Heute ist die Volkshochschule Lüdenscheid hier beheimatet.

Tipp

Audioschnitzeljagd „Gassen des Grauens“

Nichts für schwache Nerven, ist die Audio-Schnitzeljagd „Gassen des Grauens“ durch Lüdenscheids Altstadt. Sie erzählt von Morden, Gräueltaten und blutigen Verbrechen, während Sie durch die urtümlichen Gassen ziehen. Für's perfekte Gruseln, machen Sie die Tour in der Dämmerung. Informationen und Ablauf finden Sie unter: www.ghv-luedenscheid.de/veranstaltungen/gassen-des-grauens-eine-audio-schnitzeljagd

Ein paar Schritte nach rechts erreichen Sie das Wirtshaus Zum Schwejk. Bemerkenswert ist die unsymmetrische Fassade. Das Gebäude wurde 1731 errichtet und steht unter Denkmalschutz. Bis 1976 befand sich hier eine Bäckerei, anschließend wurde es zum Wirtshaus. Nachdem es 2014 aufwendig saniert wurde, können Sie hier auch heute noch in historischem Ambiente speisen. Gehen Sie hinter dem Wirtshaus nach rechts in die schmale Herzogstraße, passieren Sie einige hübsche klassizistische Bürgerhäuser mit bezaubernden Dachgiebeln. Die Straße mündet wenig später in den Graf-Engelbert-Platz mit einem Brunnen, auf dem Graf Engelbert I. von der Mark seinen Platz gefunden hat. Außerdem sind auf dem Kunstwerk noch andere historische Persönlichkeiten Lüdenscheids verewigt. Erkennen Sie sie?

Rund um dem Graf-Engelbert-Platz

Flanieren Sie weiter durch die schmalen Gassen, betrachten Sie die vielen individuell gestaltete Häuser und atmen Sie Geschichte. Zwischendurch laden immer wieder reizvolle kleine Läden und handwerkliche Betriebe zum Stöbern, Gucken und Kaufen ein.

Abstecher

Das Lüdenscheider „House of the Lords“

Nach dem Architekturvorbild des „House of the Lords“, dem englischen Oberhaus, wurde 1899/1900 die Historische Schützenhalle Lüdenscheid erbaut. Sie liegt auf einer Anhöhe und ist dadurch von vielen Orten innerhalb der Stadt zu erkennen. Der Prachtbau, im neubarocken Stil nach dem Baumuster einer Basilika errichtet, sucht seinesgleichen. In der Schützenhalle befindet sich ein Restaurant. Zudem finden hier regelmäßige Veranstaltungen wie das Schützenfest, die Abiturbälle der Lüdenscheider Gymnasien und Gesamtschulen und sogar die 1-Live-Charts-Party und andere Großevents statt. Etwas unterhalb der Schützenhalle liegt eine andere besondere Veranstaltungslocation, der Filmpalast. In einer gelungenen Mixtur aus dem Charme der 50er Jahre und modernster Ausstattung in den Kinosälen, erleben Gäste Kinogenuss auf Kuschelsofas.

Wenn Sie die Altstadt über die Wilhelmstraße verlassen, nähern Sie sich der quirligen Innenstadt Lüdenscheids mit zahlreichen Geschäften und jeder Menge Trubel. Eilen Sie nicht, denn auch hier finden Sie zwischen den Geschäften noch historische Juwelen. Eines davon ist das Inselhaus auf dem Karussellplatz. Das Haus steht ungewöhnlich frei, umringt von den umliegenden Gebäuden. Das im Jugendstill errichtete Wohn- und Geschäftshaus wurde 1904 erbaut. Am Sternplatz, der in den Rathausplatz übergeht, umgibt Sie ein Flair aus Tradition und Moderne. Zartrosa schimmert das nachklassizistisch dekorierte Geschäftshaus „Hulda" aus den Jahren 1881/1882 am Rathausplatz 1. Am Rathausplatz 21 finden Sie ein ehemaliges Gewerkschaftshaus von 1914. In den Geschäften können Sie nach Herzenslust stöbern. Frisches Obst, Gemüse und mehr, erstehen Sie auf dem Wochenmarkt. Überdacht und wettergeschützt können Sie im Stern-Center shoppen. Die Auswahl an kleinen und großen Läden sowie verschiedenste Einkehrmöglichkeiten für jeden Geschmack, lassen keine Wünsche offen. Und so bildet die Innenstadt von Lüdenscheid interessante Kontraste, die sich zu erkunden lohnen. Die Mischung aus der historischen Vergangenheit und der lebendigen Gegenwart, in der die Geschichte in vielen Aspekten noch präsent ist, machen den Ort zu einem faszinierenden Erlebnis.

Das Inselhaus aus dem Karussellplatz

Abstecher

Stadtmuseum und „Schnurre“

Erleben Sie die Geschichte der Stadt Lüdenscheid auch im Stadtmuseum. Die Dauerausstellung zur industriellen Geschichte der Stadt und der Region wird regelmäßig durch Sonderausstellungen, bei denen Industrie, Natur und Mensch im Vordergrund stehen, ergänzt. Highlight im Museum ist die Museumseisenbahn. Auf der Lok und ihren drei Wagen ist Einsteigen erlaubt. Das Ensemble ist ein Relikt der ehemaligen Schmalspurbahn, im Volksmund „Schnurre“ genannt, die auf der Strecke zwischen Altena und Lüdenscheid verkehrte, auf der bis 1961 noch Güter- und Personenzüge fuhren. Im letzten Güterwagen der Museumseisenbahn können Besucher einen 15-minütigen Videofilm über die Geschichte der Bahn ansehen. Neben dem Stadtmuseum befindet sich übrigens noch das Alte Amtshaus von 1910 mit einem schmucken rot leuchtenden Dach, Türmchen und einer hübsch begrünten Fassade sowie dem Selve- Brunnen davor. Der Brunnen steht unter Denkmalschutz. Er wurde von dem italienischen Bildhauer Luigi Calderini erbaut und zeigt den Vater des Stifters und Gründers des Unternehmens Basse & Selve, Germann Dietrich Selve. Der Betrieb war in der Nichteisenmetallverarbeitung in Altena tätig.

Beleuchteter Phänomenta-Turm
in der Dämmerung

Abstecher

Erlebnismuseum Phänomenta

Von der Vergangenheit in die Gegenwart und weiter in die Zukunft reisen Sie im Erlebnismuseum Phänomenta. Auf 4000 Quadratmetern laden reichlich Experimentierstationen zum Forschen und Ausprobieren rund um Naturwissenschaften, Mathematik und Technik ein. In der Phänorama können Sie auf einer 360-Grad-Leinwand das Lüdenscheider Panorama betrachten und auf Tabletts Filme zu Firmen, Orten und Persönlichkeiten der Region und Umgebung anschauen.

Direkt neben der Phänomenta ist zudem noch ein markantes historisches Gebäude der Stadt zu bestaunen. Mit seinen knallroten Fensterumrandungen auf dem weißen Putz ist es nicht zu übersehen. Hier handelt es sich nicht um die lokale Feuerwehr, wenngleich die Farben dafürsprechen würden, sondern um einen Teil des Entwicklungs- und Gründer-Centrums Lüdenscheids. Ursprünglich wurde es 1897 für die Knopffabrik Loers & Hueck gebaut. 1905/1906 zog die Firma Wilhelm Berg ein, die dort einen aluminiumverarbeitenden Betrieb zur Herstellung von Haus- und Küchengeräten sowie von Ausrüstungsgegenständen für die Armee etablierte.

www.phaenomenta-luedenscheid.de.

Gastronomie:

Zum Schwejk

Im Herzen der Altstadt, draußen oder drinnen mit Stil genießen.

https://zum-schwejk.de

Ristorante Castello

Traditionelle italienische Küche und saisonale Spezialitäten in der Historischen Schützenhalle.

https://castello-restaurant.de

frieda

Bar und Kulturrefugium in der Lüdenscheider Altstadt.

https://friedaknows.de

Abstecher in eine sagenhafte Vergangenheit

Marsberg

„Herzlich Willkommen in der alten Stadt auf dem Berge!“ begrüßt Obermarsberg seine Gäste. Und tatsächlich scheint die Zeit hier stehen geblieben zu sein. Der historische Charme dieses Ortes, der auf einem Bergplateau oberhalb der heutigen Stadt Marsberg thront, ist an jeder Ecke spürbar. Dass es sich bei Obermarsberg zweifelsfrei um eine „Altstadt“ handelt, beweisen erste Hinweise auf eine Besiedelung der Anhöhe aus dem 4. und 3. Jahrtausend vor Christus. Wer heute durch die gemütlichen Straßen schlendert, die schmucken Bauwerke längst vergangener Zeiten betrachtet, als Menschen noch an den Pranger gestellt wurden, taucht so tief in die Geschichte des Ortes ein, dass die Vergangenheit vor dem inneren Auge wieder lebendig wird.

Neben den historischen Schauplätzen treffen Sie in Obermarsberg aber auch Sagenhaftes an. Es bleibt Ihrer Fantasie überlassen, sich beim Betrachten der Eingänge der Drakenhöhlen, die mit ihren unzähligen kleinen Kalksandsteinchen wie ein 3D-Puzzle wirken, den Drachen Fafnir vorzustellen, wie er den Goldschatz der Nibelungen in ihrem Inneren hütet.

8

Anreise Pkw/Parkplatz: Parkmöglichkeiten befinden sich im Ortskern zum Beispiel in der Eresburgstraße.

Anreise mit ÖPNV: Obermarsberg ist von Marsberg mit der Buslinie 497 erreichbar.

Besonderheiten: Stiftskirche, Schandpfahl, Rittersprung, Drakenhöhlen, Buttenturm

Stiftskirche St. Petrus und Paulus

Den höchsten Punkt Obermarsbergs dominiert die Stiftskirche St. Petrus und Paulus, deren Ursprung auf Karl den Großen, auch bekannt als Kirchenstifter, zurückgeht. Er eroberte im Jahr 772 nach Christus die Eresburg, die sich an diesem Standort befand und zerstörte das frühmittelalterliche Heiligtum der heidnischen Sachsen, die Irminsul; eine Säule, die die Verbindung des Himmels mit der Erde symbolisierte. Das Kloster, das er daraufhin gründete, ist heute nicht mehr existent und die Kirche unterlag immer wieder Veränderungen. 1646 sprengten während des 30-jährigen Kriegs Schweden und Hessen die Kirche, Turm und Gewölbe brachen zusammen und ein Großteil der Inneneinrichtung, die gotischen und vermutlich auch romanischen Ursprungs war, wurde zerstört. Im Zuge ihres Wiederaufbaus wurde die Stiftskirche von den Bildhauern Heinrich und Christophel Papen Ende des 17. Jahrhunderts bis 1725 im prächtigen Barockstil ausgestattet. An Karl den Großen erinnert heute noch eine verwitterte Kalksteinstatue, die im Volksmund Rolandstatue genannt wird. Sie verdeutlicht die einstige Immunität des Stifts, die Flüchtigen Schutz vor weltlichen Behörden bot. Diese Statuen sollen überall, wo sie standen, stets ein Zeichen Karl des Großen gewesen sein, der den Ort mit kaiserlicher Freiheit auszeichnete.

Der Benediktusbogen, ehemaliger Eingang in den Klosterbezirk

Durch den Benediktusbogen, den einstigen Eingang in den Klosterbezirk, verlassen Sie das Areal und bummeln weiter durch das verschlafene Örtchen. Es scheint, als werden hier auch am Tage die Bürgersteige sprichwörtlich hochgeklappt. In Richtung Ortsmitte erreichen Sie über die Eresburgstraße an der Ecke Münzstraße das heute im Privatbesitz befindliche und frühere Rathaus mit dem Pranger im Vorgarten. Der Schandpfahl diente bis ins 19. Jahrhundert dazu, Verbrecher der öffentlichen Verachtung auszusetzen. Dazu wurden sie an Ketten gelegt und mit einem Halsband gefesselt. Das Rathaus, einst doppelt so groß, wurde während des 30-jährigen Kriegs durch den schwedischen Feldherrn Karl Gustav Wrangel zerstört. 1650 wurde es wieder aufgebaut und blieb bis 1827 Gerichtsgebäude der Stadt.

Altes Rathaus mit Schandpfahl

Während Sie durch die Straßen schlendern und die historischen Gebäude bewundern, bezeugen auch die Straßennamen die geschichtlichen Zusammenhänge. Konkret lassen sie sich im Museum der Stadt Marsberg in der Dauerausstellung „Mit Schwert und Kreuz" über Karl den Großen erforschen. Dem aufmerksamen Stadtbesucher fallen aber auch die Infotafeln zur Geschichte im Ortskern auf. Das Museum befindet sich in der Münzstraße unweit des Kaiser-Karl-Platzes mit der gegenüberliegenden Nikolaikirche. Sie wird in der Kunstgeschichte als „Perle der Frühgotik" bezeichnet und ist noch fast komplett in ihrer ursprünglichen Form erhalten. Die Nikolaikirche wurde zwischen 1229 und 1247 erbaut. Weil ihre Südseite die sichtbarere ist, wurde sie mit deutlich mehr Details ausgeschmückt als die Nordseite. Auf dem Kaiser-Karl-Platz selbst befindet sich noch ein alter und rund 26 Meter tiefer Kettenbrunnen, der einst der Wasserversorgung der Bürger diente. Nur wenige Schritte entfernt, auf der anderen Straßenseite, steht ein putziges kleines Fachwerkhaus. Das historische Backhaus wurde von der Kolpingsfamilie erworben. Es ist mittlerweile zum Mittelpunkt von Veranstaltungen in Obermarsberg geworden.

Tipp

Historischer Markt in Obermarsberg

In regelmäßigen Abständen findet in Obermarsberg ein historischer Markt statt. Dann erwacht das niedliche Backhaus zum Leben und es duftet nach frischem Steinofenbrot, Platenkuchen und Waffeln. Termine unter: www.obermarsberg.com/veranstaltungen/index.php

Für Kinder hält Obermarsberg zudem den Sagenrundweg bereit, der neben den spannenden Drakenhöhlen und der Siegfriedsage, noch zahlreiche andere mysteriöse Legenden offenbart. Der Weg wird durch das Symbol eines Ritters auf seinem Pferd gekennzeichnet. Neben der interessanten und lebendigen Geschichte, die Sie bei einem Spaziergang durch die historische Altstadt kennenlernen, besticht Obermarsberg durch seine Lage auf dem Bergplateau mit viel Natur rundherum. Wandeln Sie über den Weg „Auf der Mauer“, der den einstigen Verlauf der früheren Stadtmauer kennzeichnet, in den Wald. Machen Sie einen Abstecher zum „Rittersprung“, einem Felsen, über den der Sage nach, ein edler Ritter mit seinem Pferd sprang, um Raubrittern zu entkommen. Wie durch ein Wunder überlebte er. Auf idyllischen Pfaden schlendern Sie gemächlich entlang des Berghangs. In den Zweigen zwitschern die Vögel, ansonsten herrscht hier Ruhe pur. Schließlich passieren Sie die sagenumwobenen Drakenhöhlen. Märchenhaft rankt Efeu über die Felsen und bildet einen geheimnisvollen Vorhang über den Eingangsportalen. Zu Betreten sind die Höhlen nicht, der Blick ins Innere muss genügen nebst der Vorstellung, dass dem Mythos nach, einer der Gänge bis unters Rathaus verläuft.

Vom Buttenturm bietet sich eine wunderbare Aussicht in die Umgebung.

Ein Stück weiter thront oberhalb des Hangs der Buttenturm; einer von Obermarsbergs einstigen Festungstürmen der Stadtmauer. Neben dem Buttenturm ist davon lediglich noch der Wasserturm erhalten. Der Aufstieg auf den steinernen Turm ist die ideale Gelegenheit, den Blick über die Umgebung und das malerische Diemeltal schweifen zu lassen. Früher war der Buttenturm doppelt so hoch. Seine Bruchsteinmauern sind 1,5 Meter dick. Sein rund fünf Meter tiefer Keller diente einmal als Gefängnis.

Abstecher

Bilsteinturm und Paulinenquelle

Gut erkennbar ist auf der gegenüberliegenden Talseite der Bilsteinturm. Im Gegenteil zum Buttenturm war er jedoch nie als Festungsbauwerk gedacht. 1892 im Stil einer rheinischen Burg erbaut, sollte er als markanter Landschaftspunkt der touristischen Erschließung der Mittelgebirge dienen. Von hier aus lohnt sich im weiteren Verlauf noch ein Besuch der Paulinenquelle. An der hübsch angelegten Kaskade, über die munter das Wasser plätschert, befindet sich ein schöner Rastplatz.

Vom Buttenturm ist es anschließend nicht mehr weit bis zum Ausgangspunkt im historischen Obermarsberg. Der abwechslungsreiche Altstadtrundgang bildet damit einen schönen Kontrast zwischen informativer Historie, geheimnisumwitterten Sagen, besonderen Naturschauspielen und aktuellen Highlights.

Abstecher

Besucherbergwerk Kilianstollen

Interessant ist in der Nähe und gleich unterhalb von Obermarsberg ein Ausflug in das Besucherbergwerk Kilianstollen. Es befindet sich in einem ehemaligen Kupferbergwerk, das insgesamt drei Grubenfelder umfasst. Die Gruben „Oskar", „Alte Friederike" und „Neue Friederike" sind über eine 900 Meter lange Grubenbahnstrecke miteinander verbunden und während des Besuchs erhält man einen ausgiebigen Einblick in den Kupferbergbau und die Entstehung der Gesteine.
https://www.kilianstollen.de

Gastronomie:

Landgasthof „Bei Steggers!"
Biergarten mit Aussicht plus frische und regionale Küche.
www.bei-steggers.de

Zum Bleichhaus
Restaurant, Café und Biergarten direkt am Diemelradweg und Eggeweg.
www.facebook.com/zumbleichhaus

Deutsches Haus
Lecker speisen mit alpenländischem Einschlag.
http://deutscheshaus-marsberg.de

Historischer Charme in der Toskana des Sauerlands

Medebach

Die Toskana des Sauerlands ist die Medebacher Bucht. Durch ihre geschützte Lage im Regenschatten des Rothaargebirges überwiegt hier das ganze Jahr ein mildes Klima. Deshalb darf sich Medebach auch als Nordrhein-Westfalens sonnigster Ort erfreuen. Rund um Medebach erheben sich sanfte Hügelketten mit einer halboffenen Kulturlandschaft, so dass wunderschöne Aussichten vorhanden sind, die einen Hauch italienisches Toskana-Flair versprühen. Medebach gilt als eine der ältesten Städte im Herzogtum Westfalen, die Wurzeln reichen zurück bis ins Jahr 1144. Als Hansestadt war sie die erste deutsche Stadt, die bereits 1165 mit Dänemark und Russland Handel betrieb. Neben der landschaftlich reizvollen Umgebung finden Sie in Medebach eine Mischung aus Tradition und Moderne.

Durch mehrere Stadtbrände, den Ausbruch der Pest und die Auswirkungen des 30-jährigen Kriegs wurde das Stadtbild mehr und mehr verändert. Heute zeigt sich Medebach als selbstbewusste Stadt und bietet eine bunte Vielfalt an Möglichkeiten für Unternehmungen.

9

Anreise Pkw/Parkplatz: Parkmöglichkeiten befinden sich zum Beispiel entlang der Bachstraße.

Anreise mit ÖPNV: Die Haltestelle Medebach-Markplatz wird von der Buslinie 530 angefahren.

Besonderheiten: Marktplatz Medebach, Infozentrum Naturpark Sauerland-Rothaargebirge, Kirche St. Peter und Paul, Amtsgericht, Städtisches Museum, umliegende Dörfer mit historischem Charme

Medebachs Marktplatz ist der ideale Ausgangspunkt für den Altstadtrundweg. Wenn Sie mit Kindern unterwegs sind, hüpfen Sie noch kurz in die Touristinformation rein und schnappen Sie sich das Kinderquiz. Es sorgt dafür, dass das historische Erlebnis auch für die Kleinsten zu einem Vergnügen wird. Der Altstadtrundweg selbst besteht aus 13 Stationen, zu den es neben den Infotafeln vor Ort auch einen Hör-Guide gibt. Rund um den zeitgemäß gestalteten Marktplatz können Sie bereits einige interessante Orte entdecken. Auf der Ecke links von der Touristinformation und im Schatten großer Bäume steht das Schuhmacherdenkmal. Es erinnert an die lange Tradition der Schusterzunft in Medebach. Schon im Mittelalter lebten hier Schuster, die sich zu einem Handelsbündnis zusammenschlossen und ihre Erzeugnisse in die ganze Welt verkauften.

Das Schuhmacherdenkmal: Erinnerung an alte Traditionen

Am Weg

Infozentrum Naturpark Sauerland-Rothaargebirge

In der Touristinformation befindet sich eins von sechs Infozentren des Naturparks Sauerland-Rothaargebirge mit einer Ausstellung rund um die Medebacher Bucht, die insbesondere seltene Vogel- und Insektenarten einen Lebensraum bietet. Dazu erfahren Besucher Wissenswertes über den Natur-, Kultur- und Wirtschaftsraum der Region. Damit es Kindern nicht langweilig wird, sorgt ein Naturpark-Memory für Spaß.
Öffnungszeiten Infozentrum unter: www.medebach-touristik.de.

Auf der gegenüberliegenden Seite des Marktplatzes befindet sich das Amtsgericht. Es wurde 1853 errichtet und steht unter Denkmalschutz. Das spätklassizistische Gebäude wacht erhaben über den Marktplatz. Medebach selbst blickt über eine mehr als 1000-jährige Gerichtsbarkeit zurück. Unmittelbar neben dem Gericht erhebt sich das Wahrzeichen der Stadt, die eindrucksvolle katholische Kirche St. Peter und Paul. Sie ist die drittgrößte Hallenkirche des Erzbistums Paderborn und entstand zur ähnlichen Zeit wie das Amtsgericht im Jahre 1857 auf den Überresten einer Basilika aus dem 12. Jahrhundert. Sehenswert ist neben dem beachtlichen äußeren Erscheinungsbild mit dem 63 Meter hohen Turm auch das stattliche Innere der Kirche,

das in den Jahren 1941 und 1972 ausgiebig renoviert wurde. Folgen Sie der Kirchstraße noch für ein paar Meter, dann erreichen Sie auf der linken Seite die wesentlich kleinere und beschauliche Andreaskapelle. Sie wird erstmals 1283 urkundlich erwähnt und ist damit das älteste Gebäude in der Stadt. Einige Bauteile stammen aus dem 8. Jahrhundert.

Das älteste Wohnhaus von Medebach finden Sie parallel zur Kirchstraße in der Österstraße. Es gehört zu den wenigen noch erhaltenen Fachwerkhäusern der Stadt, die nicht von den Bränden betroffen waren. Das Haus Thielke wird auf das Jahr 1645 datiert.

„Gott bewahre es vor Feuer und Brand" so lautet die Inschrift am Holzbalken von Haus Thielke.

Abstecher

Stadtmuseum und Modellbahn

Das Städtische Museum Medebach ist ebenso in einem der verbliebenen Fachwerkhäuser des Ortes untergebracht. Das Bürgerhaus stammt aus dem späten 18. Jahrhundert. Das heutige Museum wird durch den örtlichen Heimat- und Geschichtsverein betreut. Es zeigt die Geschichte Medebachs von der Entstehung bis zur heutigen modernen Tourismusstadt. Ein ganz besonderes Highlight der Ausstellung ist die Nachbildung der ehemaligen Kleinbahn im Maßstab 1:45, die zwischen Steinhelle und Medebach verkehrte. Die einstige Schmalspurbahn verlief zwischen 1903 und 1954 auf einer Strecke von 36,3 Kilometern. Sie diente dem Anschluss Medebachs an die Reichsbahn. Zwischen Deifeld und Küstelberg musste sie auf gerade einmal 2,5 Kilometern 140 Höhenmeter überwinden. Hierfür wurde eine doppelte Spitzkehre gebaut, die zur damaligen Zeit eine in Europa einmalige technische Meisterleistung war. Infos zum Museum unter:
www.hgv-medebach.de/hansestadt-medebach/das-museum.html.

Während Sie durch die Straßen rund um den Marktplatz schlendern, achten Sie auf die Straßennamen. Die historischen Merkmale der Stadt lassen sich zwar mitunter nicht mehr sehen, dem aufmerksamen Betrachter entgehen sie allerdings trotzdem nicht. Ostwall, Nordwall, Südwall und Savoyenstraße kennzeichnen die früheren Ortsgrenzen. Wie viele andere mittelalterliche Städte umgab auch Medebach einst eine Stadtmauer mit drei Toren, dem Oberntor, dem Niederntor und dem Österntor. Auch sie lassen sich immer noch anhand der Straßennamen erkennen. Zwischen Geschichte und Gegenwart bietet Medebach vielseitige und zeitgemäße Attraktionen. Stöbern Sie durch die Geschäfte, lassen Sie es sich in einem der Cafés oder Gaststätten schmecken, machen Sie einen abenteuerlichen Ausflug auf den Aventura Spielberg mit dem längsten Spielgerät Europas, besuchen Sie das Spiel- und Spaßbad „Aqua Mundo“ oder genießen Sie die Natur bei einer Wanderung.

Tipp

Medebach Hanse-Classic

Einmal im Jahr wird es in Medebach rund um das Gut Glindfeld wieder historisch. Zu den Hanse-Classics treffen sich auf Einladung des Oldtimer-Clubs-Medebach alte Schmuckstücke zur Ausfahrt. Rund um das Oldtimer-Treffen findet ein Programm für die ganze Familie statt, dazu gibt es Fachausstellungen und Mitmachaktionen. Für Speis und Trank ist ebenso gesorgt. Und so kommt Jahr für Jahr etwas mehr Geschichte nach Medebach.

Medebach besteht aus der Kernstadt selbst sowie zehn weiteren Ortsteilen. Bei Ihrer Entdeckungsreise durch die Region lohnt es sich, den ein oder anderen Abstecher in die beschaulichen Orte zu unternehmen. Jeder Ortsteil verzaubert Sie mit individuellen Attributen.

Historischer Charme in Medebachs Dörfern

Abstecher

Medebachs Fachwerkdörfer

Deifeld und Wissinghausen werden auch als Medebachs Fachwerkdörfer bezeichnet. 1816 haben sich beide Orte gemeindepolitisch zusammengeschlossen. Die Kirche in Deifeld zählt zu den ältesten Sakralbauten der Stadt Medebach. Sie stammt aus dem Jahr 1237 und bildet das Zentrum des Ortes. Rundherum scharen sich schmucke Fachwerkhäuser. Das Niggenhuses („neues Haus") ist das älteste Haus Deifelds. Nach Überlieferungen soll es mit seinem ersten Besitzer von Oberkirchen bei Schmallenberg nach Deifeld gezogen sein. Die tiefliegenden Fenster im Erdgeschoss mit den grün-weißen Fensterläden, die oberen kleinen Sprossenfenster und das umliegende Holzzäunchen schaffen ein romantisches Ambiente. Sehenswert sind zudem der historische Dorfplatz und das Backhaus. In welchem Jahr das Backhaus errichtet wurde, ist nicht bekannt, aber es wird vermutet, dass es um 1835 herum entstand. Bis 1950 wurde das Backhaus aktiv genutzt. Alle drei Wochen wurde es angeheizt, damit die Familien des Ortes frisches Steinofenbrot backen konnten. Heutzutage wird in alter Tradition noch zweimal im Jahr sowie zu besonderen Anlässen gebacken.

Düdinghausen – Rundgang in die Geschichte

Einen Dorfrundgang in vergangene Zeiten können Sie auch in Düdinghausen unternehmen. 25 Tafeln an den historischen Gebäuden erzählen Ihnen dabei Wissenswertes über die Geschichte des Dorfes. Der historische Dorfkern mit der denkmalgeschützten Kirche sind die Highlights des schmucken Bergdorfes. Wenn Sie sich auf eine kleine Wanderung auf den Kreuzberg begeben, können Sie von dem Aussichtspunkt einen Blick aus der Vogelperspektive auf das Dorf werfen. Etwas abseits der Häuser hat der Freistuhl Düdinghausen seinen Platz. Er ist einer von 43 Sauerland-Seelenorten. Der massive steinerne Stuhl mit dem Tisch davor, war einst eine wichtige Gerichtsstätte.

Gemütlich kuscheln sich die Fachwerkhäuser Düdinghausens in die Landschaft.

Abstecher

Schwerspatmuseum in Dreislar

Last but not least schauen Sie sich in dem Ortsteil Dreislar um. Dreislar verfügt über eine 230-jährige Bergbaugeschichte. Das Schwerspatmuseum zeigt anhand moderner Medien das Leben der Bergleute und die Arbeitsweisen im Schwerspatabbau. Dazu kommen übergreifende Themen wie Geologie und Mineralogie. Infos und Öffnungszeiten finden sie unter:
www.medebach-touristik.de/de/region/schwerspatmuseum.

Wellness-Parkplatz „Im Schwinkel“

Für etwas Entspannung sorgt in Dreislar der Wellness-Rastplatz „Im Schwinkel“. Nach der ausführlichen Geschichtstour durch Medebach und seine Dörfer, tut hier eine Pause gut. Hölzerne Wellness-Geräte, ein Barfußpfad und Sitzplätze laden zum Wohlfühlen ein.
www.medebach-touristik.de

Das Schwerspatmuseum – moderne Architektur neben historischen Zeugnissen

Wenn Sie von den vielseitigen Möglichkeiten in Medebach noch nicht genug bekommen haben, können Sie sich nach Deifeld-Wissinghausen, Düdinghausen oder Dreislar noch auf weitere Ortsteile freuen. Fahren Sie weiter nach Berge, ins Höhendorf Küstelberg, nach Medelon im idyllischen Orketal, Richtung Oberschledorn, Referinghausen oder ans Ende der Welt nach Titmaringhausen. Überall werden Sie noch faszinierende, historische Zeugnisse entdecken.

Gastronomie:

Alena's ANGERICHTET
Italienisch genießen in der Toskana des Sauerlands.
https://alenas-angerichtet.de

Gasthof Lichte
Der Geheimtipp in Küstelberg in historischem Ambiente.
www.gasthof-lichte.de

Kunstcafé KUMA
Käffchen und Kuchen in Oberschledorn begleitet von Kunst.
www.medebach-touristik.de/de/region/kunst-und-kultur-zentrum-kuma

Mediterranes Altstadtflair im Sauerland

Menden

Wie viele alte Städte war auch Menden einst von einer Stadtmauer umgeben, was heute noch im Verlauf der Straßen und ihrer Namen abzulesen ist. Wie ein Kreis ziehen sich Westwall, Nordwall, Ostwall und Südwall um das historische Viertel, in dem sich Geschichte und Moderne begegnen. Reizende Fachwerkhäuser, Gebäude aus verschiedenen Epochen, romantische Gassen und Relikte der einstigen Stadtmauer treffen in der erst vor ein paar Jahren sanierten Innenstadt aufeinander und bilden ein charmantes Ensemble aus Alt und Neu. Der freigelegte Glockenteichbach, der auf rund 530 Metern mitten durch die Stadt plätschert, symbolisiert die Bedeutung des Wassers für die Stadt Menden. Im Frühjahr verzaubern die Kirschblüten das Stadtbild und das Alte Rathaus am Marktplatz mit seinem großen, vorgelagerten Balkon und dem Säulengang wirkt fast ein wenig mediterran. Gegenüber laden Bänke zum Verweilen ein. Für eine genüssliche Auszeit sorgen gemütliche Cafés und Restaurants.

10

Anreise Pkw/Parkplatz: Parkflächen in der Mendener Innenstadt sind ausgeschildert. Ein großer Parkplatz befindet sich am Nordwall Ecke Gartenstraße oder am Neumarkt.

Anreise mit ÖPNV: Vom Bahnhof Menden geht es unmittelbar in die Altstadt.

Besonderheiten: Befestigungsanlagen, Schlossmühle, Pinkelgässchen, Biggelebenhaus

Um den historischen Stadtkern zu erkunden, beginnen Sie am besten am Bahnhof in dem Teil Mendens, der sich früher außerhalb der Stadtmauer befand. Über die Bahnhofstraße passieren Sie trockenen Fußes die Hönne und landen wenig später am Mühlenteich mit der Mendener Mühle. Sie existierte bereits im Mittelalter. Die ursprüngliche Schlossmühle stammte vermutlich aus dem 14. Jahrhundert. Ihr sichtbares Erscheinungsbild entstand im 16. Jahrhundert. Die Mühle verfügte über ein sogenanntes Bannrecht. Alle Bewohner Mendens waren dadurch verpflichtet, ihr Korn ausschließlich hier mahlen zu lassen. Heute beherbergt sie eine Erlebnisgastronomie. Auf der anderen Straßenseite, gegenüber der Mühle und dem Mühlenteich, lässt sich im Stadtbild der Rentschreiberturm ausmachen.

Der Rentschreiberturm, umgeben von moderner Architektur

Er gehörte um 1350 zum Erzbischöflichen Amtshaus, das in den Folgejahren erst schlossartig ausgebaut und 1791 fast komplett angerissen wurde. Daraufhin entstand an dieser Stelle ein Wohnhaus mit der Schlossbrennerei Amecke-Mönninghof. Doch auch dieses Gebäude musste 1979 dem Bau des Rathauses weichen. Der Rentschreiberturm überlebte als einziger Bestandteil aus dem Jahr 1350 und wurde in den Neubau einbezogen.

An der Mühle geht es rechts über den Südwall weiter, wo Sie an der Hausnummer 35 auf das Müllerhaus aus dem Jahre 1804 treffen. Etwas unscheinbar zweigt nach links die schmale Synagogengasse ab, entlang derer sich ein historisches Gebäude an das nächste kuschelt. Die liebevoll gepflegten Bürgerhäuser und die hübsch gepflasterte Passage vermitteln sehr bildlich die vergangenen Zeiten. Das Bürgerhaus an der angrenzenden Hochstraße 6 ist in seiner Bauart aus Backstein mit nachklassizistischem Stuck, das einzige komplett erhaltene Haus in Menden. Nach rechts abzweigend trifft die Hochstraße auf die Hauptstraße, die Hauptverkehrsachse der Fußgängerzone. Der Innenstadtbereich glänzt immer wieder mit kleinen Juwelen. Bei einem Schlenker durch die Färbergasse, über den Südwall, die Vinzenzstraße und zurück zur Hauptstraße, entdecken Sie einen Teil der historischen Stadtmauer, der im Jahr 2002 er-

Relikte der Vergangenheit

neuert wurde. In dem ehemaligen Adelshof von Leon und von Wiedenbrück in der Vinzenzstraße befindet sich seit 1974 ein Altenheim. Das Gebäude stammt aus dem Jahr 1717 und wurde zwischen 1862 und 1910 als Hospital genutzt. In seinem Inneren befindet sich eine neugotische Kapelle aus dem Jahr 1888. Lohnend ist auch ein Blick in den Innenhof auf der hinteren Seite des Altenheims, in dem sich ein klassizistisches Haus aus dem 19. Jahrhundert versteckt, an das sich historische Gebäude der früheren Stadtmauerzone anschließen. Hier befand sich einst das Oberste Tor der Stadtmauer.

Von der belebten Fußgängerzone geht es durch pittoreske Gassen weiter. Der Kontrast zwischen dem Vergangenen und dem Lebendigen könnte kaum größer sein. Über die Brandstraße gelangen Sie in die Gerberstraße. Kaum wahrzunehmen befindet sich inmitten der hübschen Gruppe aus Kleinbürgerhäusern aus der Zeit um 1820 zwischen zwei Häusern ein unscheinbarer Gang. Dieser führt sie direkt in die Kleinbürgerhauszeile in der Pastoratstraße, die bereits um 1723 entstanden ist. Der urtümliche Durchgang dahin ist die engste Gasse Mendens, die die Einwohner heute liebevoll als „Pinkelgässchen" bezeichnen. Das Haus Nummer 19 mit einer Grundfläche von gerade einmal 59 Quadratmetern beherbergte einst Wohnfläche und Stall unter einem Dach.

Nach links weg verläuft die Pastoratstraße vorbei am Alten Pastorat. Das 1666 aus Bruchstein errichtete Bauwerk, dient als Pfarrzentrum auch heute noch kirchlichen Zwecken. Etwas weiter auf der rechten Seite erhebt sich der Teufelsturm Er zählt zu den einzigen beiden noch erhaltenen Türmen der ehemaligen Stadtmauer von denen es ursprünglich zwölf an der Zahl gab. Die Stadtmauer Mendens wurde um 1344 durch den Kölner Erzbischof Walram von Jülich errichtet. Der Turm wurde später als Gefängnis genutzt. Heute dient er fröhlichen Menschen als „Heimat der Westfälischen Fastnacht". Mehr als 10.000 Arbeitsstunden investierten die Mitglieder der Mendener Karnevalsgesellschaft Kornblumenblau, um den Turm und das angrenzende Wohngebäude zu restaurieren und zudem das Westfälische Karnevalsmuseum einzurichten.

Der gut erhaltene Teufelsturm

Wenige Schritte weiter erreichen Sie das Herzstück der historischen Mendener Altstadt – den Kirchplatz mit dem gleich daneben liegenden Marktplatz. Die Katholische Pfarrkirche St. Vincenz stammt aus dem Jahr 1344. Sie wurde ursprünglich als gotischer Hallenbau errichtet und später um weitere Teile wie den Turm und ein Querschiff mit Chorraum und Sakristei ergänzt. Am Übergang zum Marktplatz steht der Mendener Geschichtsbrunnen mit der Geschichtssäule. Wie der Name schon andeutet, zeigt die Skulptur wichtige Ereignisse der Geschichte Mendens. Das Mendener Rathaus von 1912 gilt als das schönste Gebäude der Innenstadt. Darin befinden sich die Dorte-Hilleke-Bücherei (die Mendenerin trotzte während der Mender Hexenprozesse der Folter, um niemanden zu Unrecht zu beschuldigen) und der Alte Ratssaal, in dem Veranstaltungen sowie Trauungen stattfinden. Der imposante Treppenaufgang ist ein beeindruckender Hingucker. Von außen verleihen die Fassade, die runden Torbögen und die schmucken Dekorationen sowie eine Blumenpracht dem Gebäude mediterranes Flair. Auf dem Areal befindet sich zudem die Alte Marktapotheke, die im Jahr 1758 die erste Apotheke Mendens war.

Am Weg

Museum Biggelebenhaus

Gegenüber der St.-Vincenz-Kirche liegt das Stadtmuseum. Das sogenannte „Biggelebenhaus“ ist ein barockes Patrizierhaus von 1730. Erbaut wurde es durch den Kaufmann und Bürgermeister Johann Caspar Biggeleben. Das Museum zeigt zahlreiche Details der Mendener Stadtgeschichte und die Kulturgeschichte der Region.

Hinter dem Rathaus machen Sie einen Schwenk nach rechts bis zur Kreuzung An der Stadtmauer/Turmstraße. Ein kurzer Abstecher rechtsherum führt Sie zu einem Überbleibsel der ehemaligen Stadtmauer und einer Ansammlung historischer Gebäude, die früher unmittelbar an die Mauer gebaut wurden. Eines davon ist auch das

Schmarotzerhaus, dessen Rückwand aus einem Teil der Stadtmauer besteht, wodurch es zu seinem Namen „Schmarotzer" kam. In dem alten Gemäuer ist ein Museum beheimatet, dass das typische Arme-Leute-Leben aus den Jahren 1709 bis 1930 erzählt. Gehen Sie zurück in Richtung Turmstraße, hier führt Sie der Weg zum Poenigeturm.

Der Poenigeturm, einer von zwei erhaltenen Wehrtürmen in Menden

Dieser ist der zweite von den beiden verbliebenen Wehrtürmen Mendens, die sich innerhalb der Stadtmauer befanden, zu der auch drei Stadttore gehörten. Wie der Teufelsturm wurde auch der Poenigeturm früher als Gefängnis genutzt. 2011 wurde er aufwendig restauriert. Seine Mauern sind rund 17,40 Meter hoch. Dazu kommt die 4,50 Meter hohe Haube. Mit diesen Maßen war er vermutlich der höchste aller Stadttürme. Heute befindet sich ein Museum im Poenigeturm. Die Ausstellung erläutert Historisches über die Hexenverfolgung in Menden, die zwischen 1628 und 1631 ihren Höhepunkt erreichte und über 100 Bürgern das Leben kostete. Von der Turmstraße führt Sie der Altstadtrundgang schließlich über den Westwall zurück zum Ausgangspunkt am Bahnhof.

Abstecher

Die Rodenburg auf dem Rodenberg

Ein historischer Abstecher in Verbindung mit einem kleinen Waldspaziergang führt Sie in der Nähe Mendens zur Ruine der Rodenburg auf dem Rodenberg. Die zwischen 1246 und 1248 erbaute Höhenburg des Ritters Gosswin zu Menden schützte Menden fast 30 Jahre vor Angriffen. 1301 musste die Burg durch Rangeleien um die Machtverhältnisse aufgegeben werden. Im weiteren Verlauf wurde sie schließlich niedergebrannt. In den 1950er Jahren wurden die früheren Grundmauern mehr oder weniger zufällig bei Ausgrabungen durch Schüler entdeckt und einige Überreste freigelegt, die auch heute noch frei zugänglich besichtigt werden können.

Das Alte Rathaus mit der St.-Vincenz-Kirche in der Dämmerung

Gastronomie:

Mendener Mühle
Vom Quicklunch für die schnelle Mittagspause bis zum gemütlichen Abendessen.
http://menden-muehle.de

Gasthof Hünnies
Bei herzlicher Gastfreundschaft schmackhaftes Essen genießen.
www.gasthofhuennies.de

Café in der Schokoladenmanufaktur Sauerland
Wenn's mal etwas Genüssliches und Süßes sein darf.
www.schokoladenmanufaktur-sauerland.de

Die quirlige Altstadt am Biggesee

Olpe

Flanieren, Stöbern, Shoppen, Genießen und Erholen, in Olpe ist vieles möglich. Die quirlige Stadt am südlichsten Zipfel des Biggesees, eingebettet in eine idyllische Landschaft, versteckt in ihrem Herzen ein kleines Paradies. Inmitten historischer Gemäuer laden über 150 Fachgeschäfte zum Bummeln ein. Stilvolle und gemütliche Restaurants, Cafés oder Bars locken mit kulinarischen Genüssen. Und während alldem erfahren Besucher bei einer Besichtigung der altehrwürdigen Plätze interessante Fakten über die Geschichte der Stadt. Wandeln Sie durch einen Mix aus Moderne, Tradition und Historie und lassen Sie sich vom Charme Olpes mitreißen. Mit gut gefüllten Einkaufstaschen können Sie anschließend noch einen Abstecher ins Museum Wendener Hütte oder eine Schiffsfahrt über den Biggesee unternehmen.

11

Anreise Pkw/Parkplatz: Parkmöglichkeiten befinden sich zum Beispiel Ecke Kölner Straße und Martinstraße am Kurkölner Platz direkt am Geschichtsbrunnen.

Anreise mit ÖPNV: Olpe ist sehr gut mit Bus und Bahn zu erreichen. Der zentrale Bahnhof und der Busbahnhof liegen nur wenige Gehminuten von der Altstadt entfernt.

Besonderheiten: Geschichtsbrunnen, alte Stadtmauer, Engels- und Hexenturm, Marktplatz, zahlreiche Fachgeschäfte zum Bummeln und Stöbern, Cafés und Restaurants

Der Geschichtsbrunnen erzählt wichtige Ereignisse der Olper Stadtgeschichte.

Der Geschichtsbrunnen ist genau der richtige Ort für den Anfang eines Altstadtrundgangs. Aus zierlichen Fontänen sprudelt Wasser in die Höhe. Bronzene Tafeln umringen eine Stele auf deren Kopf die verschiedenen Wappen mit Bezug zur Stadt prangen. Wie der Name des Brunnes verrät, erzählt er besondere Ereignisse der Stadtgeschichte – von Olpes Erhebung zur Stadt im Jahre 1311 über den Stadtbrand 1795 bis hin zum Wiederaufbau 1945. Dazu gesellen sich fünf Porträts bedeutsamer Personen. Da wären zum Beispiel der Kurfürst und Erzbischof Heinrich II. als Stadtgründer Olpes oder Maria Theresia Bonzel, Gründerin der Olper Franziskanerinnen.

Tipp

Schützenfest auf dem Ümmerich

Jedes Jahr am dritten Sonntag im Juli findet das Schützenfest des St. Sebastianus Schützenvereins Olpe e. V. auf dem Ümmerich statt. Der Schützenplatz mutet mit seinem historischen Ambiente nahezu kaiserlich an. Die Schützenhalle mit der bezaubernden Galerie und dem im Jugendstil errichteten Tanzboden stammen aus den Jahren 1906 bis 1908 und sind ein wunderschöner Hingucker. Während des Schützenfestes wird das Areal nach Angaben des Schützenvereins zum größten Biergarten des Sauerlands. Ein Besuch in Olpe lässt sich dann auch prima mit dem Schützenfest verbinden.

Unterhalb der Stadtmauer bietet sich ein schöner Blick auf die St.-Martinus-Kirche.

Gegenüber dem Geschichtsbrunnen erhebt sich die St.-Martinus-Kirche. Sie wurde zwischen 1907 und 1909 errichtet und hat eine

vergleichsweise kurze Geschichte gegenüber anderen historischen Schauplätzen der Stadt. Ihr Vorgängerbau fiel einer Brandstiftung zum Opfer, die den Befürwortern eines Neubaus zur Last gelegt wurde; jedoch konnten die Hintermänner nie ermittelt werden. Im Schatten der Kirche erstrahlen der Engelsturm und die historische Stadtmauer. Das runde Gemäuer mit dem niedlichen Spitzdach ziert ein Engelsrelief, daher sein Name. Der Turm wurde erst im Jahr 1961 wieder aufgebaut. Der Engel ist älter und hat gewissermaßen einen Umzug hinter sich. Bevor er nämlich in den Engelsturm integriert wurde, schmückte er die Fassade der St.-Martinus-Kirche. Hier wurde er jedoch im Zuge von Restaurierungsarbeiten entnommen und nicht wieder eingebaut.
Vom Engelsturm ist es nicht weit bis zum Hexenturm. Bleiben Sie unterhalb der Stadtmauer und folgen Sie ihrem Verlauf durch den Grüngürtel gegen den Uhrzeigersinn. Unterwegs streifen Sie das St.-Martinus-Denkmal. Es zeigt die berühmte Geschichte aus dem Leben des heiligen Martin; seine Begegnung mit dem Bettler, für den er seinen Mantel teilt. St. Martin ist im Übrigen der Olper Stadtpatron. Ein kurzes Stück entfernt befindet sich unterhalb der Stadtmauer im Bereich des früheren Gerberviertels ein Mühlrad. Es dient zur Erinnerung an die Obere Mühle, die bis 1902 an dieser Stelle stand, bis sie einem Brand zum Opfer fiel. Doch nun zum Hexenturm. Während der Engelsturm der Nachbau eines ehemaligen Stadtmauerturms ist, handelt es sich bei dem Hexenturm um einen im Original erhaltenen Befestigungsturm. Es ist nicht bewiesen, dass in dem Turm früher Hexen eingesperrt wurden. Vielmehr scheint die Bezeichnung einen sprachlichen Ursprung zu haben. Es wird vermutet, dass der Turm einst als Hessenturm bezeichnet wurde, worauf auch die Wetterfahne mit dem Wappentier des Landgrafen beziehungsweise der Großherzöge von Hessen-Darmstadt hindeutet. Zu deren Territorium zählte zwischen 1802 und 1816 das Herzogtum Westfalen und damit auch Olpe. Gehen Sie die Straße In der Steinkuhle weiter erreichen Sie die Bleichewiese, in deren Mitte der Wäscherinnenbrunnen platziert ist. Dieser Bereich wurde früher dazu genutzt, gewasche-

ne Wäsche in der Sonne zu bleichen. Mit dem Wasser aus dem Mühlengraben, der heute nicht mehr existent ist, wurde die Wäsche auf Wasch-Bänken am Ufer gereinigt und dann hier ausgelegt.

Der Hexenturm, dessen Name vermutlich von Hessenturm hergeleitet wurde.

Abstecher

Kempers Kornbrennerei

Suchen Sie noch ein besonderes Olper Andenken, dann finden Sie nicht weit entfernt in der Felmicke 26–28 eine der ältesten Kornbrennereien Deutschlands. Das Familienunternehmen wurde durch J. J. Kemper 1793 gegründet und wird auch heute noch als solches von Dirk Rademacher fortgeführt. Die Auswahl reicht vom klassischen Obstbrand über Sahneliköre bis hin zum Champagner. Brennereiführungen werden ebenso angeboten wie Tastings.
www.kempers-korn.de

Nach den ersten historischen Highlights spazieren Sie von der Bleichewiese ein paar Schritte zurück und biegen rechts ab und am Ende der Straße links in Richtung der unverkennbaren evangelischen Kirche. Der knallrote Backstein ist für das Stadtbild ungewöhnlich, so dass die Kirche besonders auffällt. Ihr Grundstein wurde bereits 1897 gelegt.
Von hier aus gelangen Sie in das quirlige Stadtzentrum von Olpe. Hier befindet sich zwar keine klassische Fußgängerzone, dennoch laden eine Vielzahl von Fachgeschäften zum Stöbern ein. Dass Olpe

Das Stadtzentrum von Olpe

nicht über eine Fußgängerzone verfügt, war Wunsch der Bürger, die es bevorzugten, direkt vor den Geschäften parken zu können. Schlendern Sie nun durch die Straßen und entdecken Sie bezaubernde Dekorationen und Wohnaccessoires, ausgefallene Mode, duftende Parfums und Kosmetik, glitzernden Schmuck, interessante Bücher oder Hübsches und Leckeres wie zum Beispiel in der Krämerei. Für eine gemütliche Pause laden nahezu an jeder Ecke Cafés, Restaurants und Gaststätten ein. Besonders urig ist es rund um den gepflasterten Marktplatz im Zentrum. Dort treffen Sie auch auf das Pannenklöpper-Denkmal.

Das Pannenklöpper-Denkmal

Die Statur erinnert an eine alte Schmiedetradition, das sogenannte Pannenklöppen. Der Pannenklöpper, auf Hochdeutsch Pfannenschläger, stellte, wie der Name schon vermuten lässt, Pfannen aus Metall her. Das Denkmal veranschaulicht, wie wichtig das Schmiedehandwerk für die Olper Stadtgeschichte war. Heute gibt es in der Westfälischen Straße unweit des Marktes sogar einen Laden, der nach dem Pannenklöpper benannt wurde. Hier finden Sie ausgefallene, heimatverbundene und regionale Waren.

Sind Ihnen die vielen Lindenbäume während Ihres bisherigen Stadtrundganges bereits aufgefallen und wussten Sie, dass Olpe auch Stadt der tausend Linden genannt wird? Auch diese Begebenheit hat ihren Ursprung in der Geschichte der Stadt, denn die Linden wurden vor über 100 Jahren gepflanzt. Sie sollten im Falle eines Stadtbrandes dafür sorgen, dass das Feuer weniger Funken versprüht.

Wenn die Einkaufstaschen und der Magen nach dem ausgiebigen Stadtbummel dann gut gefüllt sind, machen Sie sich zurück auf den Weg zu Ihrem Ausgangspunkt.

Abstecher

Museum Wendener Hütte

Neben der Besichtigung der Altstadt lohnt sich ein Besuch des alten Eisen- und Hammerwerks Wendener Hütte knapp 10 Kilometer entfernt von Olpe. Das technische Kulturdenkmal ist heute ein Museum, dass die Geschichte der Eisentechnologie im südlichen Westfalen veranschaulicht. Die Eisenerzeugung und -verarbeitung zählte in der Region zu den wichtigsten gewerblichen Tätigkeiten. 1728 erhielten die Hüttengewerken Peter und Johannes Emert hier die Erlaubnis eine Eisenhütte zu etablieren. 1740 übernahm die Familie Remy das Werk. Sie war die bedeutendste eisengewerbliche Familie am Mittelrhein. Die Hütte produzierte hauptsächlich Roheisen; in Kriegszeiten sogar gusseiserne Kanonenkugeln für die rheinischen Militärfestungen. Doch mit dem Bau der Eisenbahnlinie von Siegen nach Hagen und dem Anschluss der Region an konkurrierende Betriebe in entfernten Gebieten, war das Ende des Hüttenwerkes absehbar. 1866 endete die Produktionszeit. Heute beherbergt die Anlage ein Museum, ein dazugehöriges Museumslädchen und ein Café. Auf einem 8 Kilometer langen hüttenkundlichen Wanderweg erfahren Sie anhand von 19 Infotafeln Wissenswertes und Interessantes rund um die Zusammenhänge zwischen Landwirtschaft und Hüttengewerbe.
www.wendener-huette.de.

Abstecher

Bahnhof Sondern – Nordrhein-Westfalens einziger Seebahnhof

Lassen Sie den Tag in Olpe bequem ausklingen. Eine weitere Besonderheit des Ortes liegt am Biggesee in dem zugehörigen Ortsteil Sondern. Hier befindet sich Nordrhein-Westfalens einziger Seebahnhof, an dem Sie vom Zug direkt aufs Schiff umsteigen und eine aussichtsreiche Fahrt über den Biggesee genießen können. Vom Deck aus betrachten Sie Olpe dann aus einer ganz anderen Perspektive. Dazu lädt die Bordküche zu Kaffee und Kuchen oder kleinen Gerichten ein. Der Seebahnhof ist auch mit dem Auto zu erreichen. Ein Parkplatz liegt in fußläufiger Entfernung. Auf dem Weg zum Anleger bietet sich darüber hinaus noch eine Runde Minigolf an.

Gastronomie:

Konditorei Lüning
Neben hausgemachten Kuchen und Torten gibt es hier auch die Original Olper Butter-Brezeln.
www.konditoreiluening.de

Hetzels Hotelchen und Restaurant
Vom Vitaminchen zum Pfännchen, über's Gute-Laune-Essen bis zum lustigen Nachtisch.
www.hetzelshotelchen.de

Restaurant Café Seeterrassen
Genüsslich Speisen mit Seeblick am einzigen Seebahnhof Nordrhein-Westfalens.
https://seeterrassen-biggesee.de

Das Kneipp-Heilbad mit Geschichte
Olsberg

Willkommen in der charmanten Altstadt von Olsberg. Hier begrüßen Sie an jeder Ecke die Olsberger Kneipp-Figuren, die als Sinnbild für die lange Tradition der Stadt als Deutschlands zweitältester und Nordrhein-Westfalens ältester Kneipp-Kurort stehen. Jede Figur ist ein bunt bemaltes Unikat nach den Entwürfen der jeweiligen Sponsoren und Paten. Die Gepflogenheiten des Kneippens werden in Olsberg auch heutzutage noch gelebt – im Kneipp Erlebnispark oder entlang des Kneipp Wanderwegs. Darüber hinaus besticht die moderne Kleinstadt nebst ihren zugehörigen Dörfern mit geschichtlich interessanten Gebäuden, historischen Gaststätten sowie einem vielseitigen Angebot inhabergeführter Geschäfte und liebevoll gestalteten Cafés.
Entdecken Sie die den Kontrast zwischen dem traditionellen Charme Olsbergs zur heutigen urbanen Lebensweise beim Kneippen, Bummeln oder Schlemmern oder besuchen Sie die umliegenden Dörfer, die ihrerseits mit einer ganz eigenen Anziehungskraft punkten.

12

Anreise Pkw/Parkplatz: Parkmöglichkeiten befinden sich an der Touristinformation Olsberg, Ruhrstraße 32, 59939 Olsberg.

Anreise mit ÖPNV: Der Olsberger Bahnhof ist mit dem Regionalexpress zu erreichen. Von hier aus sind es etwa zehn Minuten Fußweg Richtung Innenstadt.

Besonderheiten: Kneipp-Figuren, St. Martinus-Kirche, Schloss Schellenstein, Kneipp Erlebnispark, Kropff'sches Haus, Rosendorf Assinghausen, Fachwerkdorf Brunskappel

Das größte Gebäude in Bigge, die Kirche St. Martinus

Der eigentliche historische Altstadtkern von Olsberg befindet sich im Ortsteil Bigge, der zwar mit zur Kernstadt zählt, aber etwas abseits des lebendigen Stadtzentrums liegt. Scheuen Sie den etwa 15-minütigen Fußweg nicht, dann starten Sie an der Touristinformation Olsberg und folgen der Ruhrstraße. Später geht es im Kreisverkehr geradeaus durch die Hauptstraße nach Bigge. Im Volksmund wird Bigge aufgrund der schmucken architektonischen Gebäude gern auch als „Klein-Berlin" bezeichnet. Neben traditioneller Fachwerkkunst sticht besonders die Kirche St. Martinus dem Ortsbild hervor. Sie gilt als das größte Gebäude in Bigge und wirkt mit ihren Türmchen wie ein kleines Schloss. Erbaut wurde die Kirche in drei Abschnitten, wobei der Kirchturm als ältestes Teil zählt und vermutlich aus dem 11. bis 13. Jahrhundert stammt. Sie passieren das schmucke Gebäude entlang des Wegs an der Hauptstraße auf der rechten Seite.

Das bekannteste Bigger Fachwerkhaus ist die Adler-Apotheke. Sie wurde 1824 durch Margarete Adler eröffnet und ist heute im Besitz des Apothekers Karl-Heinz Förster. Traditionell wird an jedem Schützenfest-Montag an die Schützenbrüder vor dem Antreten der Apotheker-Schnaps ausgeschenkt. Der sogenannte „Hemmerling" geht zurück auf den Apotheker Franz Hemmerling, der den Schnaps bis 1820 brannte. Er wird auch heute noch nach dem Originalrezept hergestellt. Das Gebäude finden Sie unweit der Kirche auf der linken Straßenseite.
Weiter geht es entlang der Hauptstraße und mit einem Abstecher nach rechts in den Schlossweg eröffnet sich vor Ihnen das Panorama auf Schloss Schellenstein. In dem markanten Gebäude aus dem 12. Jahrhundert befinden sich heute Eigentumswohnungen. Für einen märchenhaften Zauber sorgen der Beschlag aus rot leuchtendem Wesersandstein, die hübschen weißen Sprossenfenster, die niedlichen Dachhäuschen, ein imposanter Eckturm und die herrschaftliche Eingangstreppe. Falls hier gerade kein Domizil frei ist, versuchen Sie es mit der Ferienwohnung im Torhaus von Schloss Schellenstein oder in dem urigen Fachwerkhaus gleich neben dem Schloss im Forsthaus Bigge.

Schloss Schellenstein mit seinem markanten roten Wesersandstein

Auf dem Rückweg in den Stadtkern Olsbergs machen Sie von der Hauptstraße einen kleinen Schlenker nach rechts durch die Mittelstraße, in der Sie noch ein liebevoll restauriertes Fachwerk-Ensemble vorfinden. Ein Pendant zu dem roten Wesersandstein des Schlosses finden Sie auf dem Friedhof von Bigge mit der Gruftkapelle der Familie von Wendt. Für den kleinen Umweg zweigen Sie rechts in die Ehrenmalstraße ein.
Zurück in Olsberg heißt es jetzt genüsslich durch die Straßen und Kneipp-Anlagen schlendern. Sind Sie erhitzt von dem Rundgang durch Bigge, laden Armbecken gleich bei der Olsberger Touristinformation dazu ein, die Glieder in das kühle Nass zu tauchen und zu erquicken. Eine Brücke führt Sie anschließend über die Ruhr in den Kneipp Erlebnispark. Spüren, riechen und schmecken sind hier ausdrücklich erwünscht. Für die Füße gibt es Abkühlung in der Naturtretstelle mitten im Gierskoppbach.

Kneippen ist in Olsberg eine alte Tradition.

Abstecher

Rosendorf Assinghausen

Das romantische Rosendorf Assinghausen verzaubert jedes Jahr zur Rosenblüte ganz besonders. Dann liegt nicht nur ein Potpourri an Düften in der Luft, auch die historischen Fachwerkgebäude mit ihren Schnitzereien und Inschriften erscheinen in einem noch verführerischeren Bild, als sie es ohnehin bereits tun. Der historische Zehntspeicher aus dem Jahr 1556, das älteste Gebäude im Stadtgebiet, steht unmittelbar in dem üppig blühenden Rosengarten. In dem Fachwerkhaus, das wie ein Türmchen aussieht, wurden einst Steuereinnahmen in Form von Naturalien gelagert. Im angrenzen Gasthof können Sie auf der Terrasse Platz nehmen und Assinghausen mit allen Sinnen genießen. Nur wenige Schritte entfernt befinden sich das Friedrich-Wilhelm-Grimme-Denkmal, seine Statue sowie das Geburtshaus des Heimatdichters. Direkt

Das Grimme-Denkmal vor dem Geburtshaus des Heimatdichters

gegenüber befindet sich, in dem ehemaligen Gebäude der Volksschule, das erst 2023 eröffnete Grimme Museum. Besucher erfahren hier auf vielfältige Art und Weise Wissenswertes über sein Leben. Zur Ausstellung gehören sein alter Schreibtisch, originale Manuskripte, Briefe,

Fotos und einiges mehr. Eine moderne und zeitgemäße Darstellung macht das Museum für alle Altersklassen interessant. Für Kinder gibt es sogar einen Mitmachbereich, in dem selbst getextet werden kann. Es gibt vier Rosenwege, die Sie durch das Dorf und vorbei an seinen jahrhundertealten Fachwerkhäusern führen. Auch ein ehemaliger Eiskeller, in dem einst Eis gelagert wurde, findet sich am Wegesrand. Ein besonders erhabener Hingucker ist die im neugotischen Stil erbaute Kirche St. Katharina, die schützend über den Ort zu wachen scheint.

Assinghausen ist seit 2007 eins von bundesweit sieben urkundlich anerkannten Rosendörfern. Der Titel wird von der Deutschen Rosengesellschaft nur an die Dörfer vergeben, deren prägendes Stilelement die Rose ist und bleibt, sonst kann der Titel auch wieder aberkannt werden.

Tipp

Rosenfest

Alle zwei Jahre findet in Assinghausen am zweiten Juliwochenende das Rosenfest fest. Das überregional bekannte und beliebte Fest lockt Besucher aus Nah und Fern. Über 5000 Gäste kommen in den Genuss, an hübschen Marktständen zu stöbern, die kreativen Rosendekorationen zu bewundern und natürlich auch sich kulinarisch verwöhnen zu lassen.

Gut erholt flanieren Sie anschließend parallel zum Gierskoppbach Richtung Ortsmitte. Wenn Sie weiter kneippen möchten, queren Sie die Bahnhofstraße und folgen Sie dem Bach bis zum Kurpark Dr. Grüne. Der Namensgeber der Anlage war ausschlaggebend, dass die Kneipp-Geschichte in Olsberg ihren Anfang nahm. Im Kurpark erwarten Sie lauschige Waldsofas zum Verweilen und ein Kneippbecken. Möchten Sie weiter durch das Städtchen schlendern, dann halten Sie sich an der Bahnhofstraße rechts, im Kreisverkehr geradeaus und biegen Sie links in die Straße Rutsche ein. Fällt Ihnen

Romantikgarten
mit Speicher
im Rosendorf
Assinghausen

Das Kropff'sche Haus gleicht einem Märchenschloss.

rechter Hand ein historischer Torbogen auf, sind Sie genau richtig. Durch das Portal schreiten Sie auf das Kropff'sche Haus zu. Die Fachwerkvilla mit ihren Giebeln und Erkern, Sprossenfenstern, dem Uhrentürmchen und der Inschrift über der eindrucksvollen Landhaustür wird gern auch zu den Olsberger Schlösschen gezählt. Adlige lebten hier allerdings nie. Das Haus wurde als Gewerkenhaus von der Familie Kropff erbaut, die sich zwischen dem 17. und 19. Jahrhundert im Eisenbergbau und in der -verarbeitung in Olsberg betätigte. Die letzte Nachfahrin, Ida Kropff, brachte das Haus in eine Stiftung ein. Heute ist die Jugendhilfe Olsberg in dem stattlichen Anwesen beheimatet, die ein Teil der Stiftung ist.
Bevor Sie nun zum Ausgangspunkt zurückkehren, lassen Sie es sich nicht nehmen, noch ein Weilchen durch die Stadtmitte zu spazieren und die vielen Kneipp-Figuren eingehend zu betrachten. Zahlreiche kleine Geschäfte entlang des Wegs laden zum Stöbern und gemütliche Cafés zur Einkehr ein.

Abstecher

Brunskappel

Etwa 10 Kilometer von Olsberg entfernt idyllisch, abseits der durchgehenden Bundesstraße gelegen finden Gäste hier ein verträumtes Örtchen mit einer über 400 Jahre alten Fachwerktradition vor. Ein Abstecher nach Brunskappel ist überaus lohnend, denn bei genauem Hinsehen sind hier wahre geschichtsträchtige Schmuckstücke zu entdecken. Neben dem Dorfkern mit seinen Fachwerkhäusern sind die barocke St.-Servatius-Kirche und der historische Friedhof lohnenswerte Ziele. Märchenhaft erscheint dagegen das Schloss Wildenberg mit seinem Rapunzelturm. Über die Geschichte des Schlosses und seine Besitzer ist nur wenig bekannt. Dokumentiert ist, dass Erzbischof Brun von Köln im Jahre 953 an diesem Ort eine Kapelle errichten ließ, die schließlich auch namensgebend für den Ort wurde. Neben der Kapelle befand sich ein Gutshof, der 1295 durch Widukind von Grafschaft zum Schloss umgebaut wurde. Letzter bekannter Bewohner der Familie war seine Witwe Adelheid von Wildenberg. In den folgenden Jahrhunderten fielen Teile des Schlosses einem Feuer zum Opfer und wurden wegen Baufälligkeit abgerissen. 1984 kaufte das Schloss der Ruhrtalsperrenverein, der eine Staumauer bauen und das Dorf fluten wollte. Diese Pläne wurden allerdings nie umgesetzt, so dass Brunskappel heute weiterhin als ein märchenhaftes Dorfchen erscheint. Das Schloss ist mittlerweile in Privatbesitz.

Gastronomie:

Goldmarie
Märchenhaftes Café, kreativ und liebevoll geführt mit süßen und erfrischenden Köstlichkeiten.
www.goldmarie-olsberg.de

Restaurant im Waldhotel Schinkenwirt
Speisen in idyllischer Alleinlage am Waldesrand.
www.schinkenwirt.com/das-restaurant

Gasthof zur Post
Moderne trifft Tradition – neue Geschmacksrichtungen treffen auf traditionelle Küche.
www.gasthof-zur-post.eu

Von Hexen,
Haarmännchen
und Eseln
Rüthen

In der Berg- und Hansestadt Rüthen treffen Geschichte und Kuriositäten aufeinander. Schaurig war die Zeit der Hexenverfolgung. Mystisch ranken sich Erzählungen rund um das Haarmännchen und zum Schmunzeln ist die liebevolle Bezeichnung der Rüthener als Esel. Begeben Sie sich in Rüthen auf Entdeckungstour. Eingebettet in die traumhafte Landschaft des Sauerlands wird die Historie wieder lebendig. Entweder bei einem Spaziergang auf der drei Kilometer langen Stadtmauer, aus der Vogelperspektive von der Aussichtsplattform des Wasserturms oder bei einem urgemütlichen Schlendern durch die historische Altstadt mit Genussmomenten in den hübschen Cafés.

Vorab, dem Haarmännchen werden Sie dabei hoffentlich nicht begegnen. Eine Legende erzählt von dem betrügerischen Wirt, der seine betrunkenen Gäste mit verbotenen Spielen, um ihr letztes Geld brachte. Ein Pfarrer deckte dessen Treiben auf und drohte ihm, dass

13

Anreise Pkw/Parkplatz: Parkmöglichkeiten befinden sich am Rathaus in der Hachtorstraße, ortsauswärts hinter dem Hachtor oder in verschiedenen Parkbuchten am Straßenrand.

Anreise mit ÖPNV: Die Haltestelle Rüthen Markt ist mit mehreren Buslinien gut zu erreichen. Von hier aus sind es drei Minuten Fußweg bis zum Ausgangspunkt der Altstadttour.

Besonderheiten: Wasserturm Rüthen, Rüthener Pranger, Hexenturm, Handwerkerdorf Rüthen, Hachtor, Rüthener Eselei, Altes Rathaus, Haus Buuck

er nach seinem Tode keinen Frieden finden würde und auf Ewig als Geistergestalt umherziehen müsse, um die Menschen an die Folgen seines Tuns zu erinnern und als schlechtes Beispiel zu dienen. Und tatsächlich: Der eine oder andere soll ihn gesehen haben. Die Bezeichnung der Rüthener als Esel hat dagegen eine nachweisbarere Geschichte. Bis Anfang des 19. Jahrhunderts lebten ungewöhnlich viele dieser Tiere in Rüthen. Sie wurden als Lasttiere genutzt, um Brennholz, Getreide und Mehl den steilen Weg in die Bergstadt hinauf zu transportieren. Im Volksmund setzte sich die Bezeichnung Esel als Spitzname für die Rüthener durch, da sie angeblich über die charakteristischen Wesenszüge der Tiere verfügten. Heute sind die Rüthener stolz auf diese Tradition, weshalb Ihnen im Stadtbild an der einen oder anderen Stelle auch heute noch Esel begegnen werden, wie zum Beispiel in Form einer Skulptur im Bereich des Rathauses der Stadt.

Blickfang am Rande von Rüthen: der alte Wasserturm

Hier können Sie idealerweise Ihren Altstadtrundgang beginnen und sich bei der Stadtverwaltung den Schlüssel für den Aufstieg auf den Wasserturm ausleihen. Bitte beachten Sie jedoch die Öffnungszeiten der Tourismusinformation auf der Webseite. Der 35 Meter hohe Turm ist das Wahrzeichen von Rüthen. Von der Aussichtsplattform auf 29 Metern Höhe können Sie sich zum einen den perfekten Überblick über die Stadt verschaffen und zum anderen ein großartiges Panorama über die Umgebung genießen. Bei guten Wetterverhältnissen soll sogar das Hermannsdenkmal im Teutoburger Wald erkennbar sein. Um zum Wasserturm zu gelangen, folgen Sie der Hachtorstraße.
Werfen Sie dabei ruhig einen Blick auf die Rüthener Volksbank. Bis 1772 befand sich hier ein Nonnenkloster. Das ursprüngliche Kloster der Augustinerinnen brannte 1739 ab. 1749 errichteten die Ursulinen aus Dorsten das heute noch sichtbare Haus im Barockstil, das immer noch als Ursulinenkloster bezeichnet wird. Gehen Sie weiter bis zur Schneringerstraße und halten Sie sich links in den Suttroper Weg. Den markanten Wasserturm werden Sie dann sicher schon erspäht haben. Schließen Sie die Tür auf, steigen Sie die Treppen empor und freuen Sie sich über den großartigen Ausblick, den Sie in Ruhe bewundern können.
Am Wasserturm vorbei verläuft auch die alte Stadtmauer Rüthens, deren Reste Sie auf einem drei Kilometer langen Rundweg erkunden können. Die Stadtmauer stammt aus dem 14. Jahrhundert. Von ursprünglich vier Stadttoren und elf Türmen sind heute noch das Hachtor und der Hexenturm erhalten. Spazieren Sie im Uhrzeigersinn über den ehemaligen Verlauf der Stadtmauer, passieren Sie als Nächstes den Rüthener Schubstuhl.

Das Rüthener Hachtor

Der Käfig ist der Nachbau eines Prangers wie er im Spätmittelalter und der Frühen Neuzeit genutzt wurde, um Übeltäter dem Spott der Bevölkerung auszusetzen. Ein ganzes Stück weiter gelangen Sie zum Hexenturm, der früher als Allager-Turm bezeichnet wurde. Zum Hexenturm wurde er erst im 16. und 17. Jahrhundert, als vermeintliche Hexen und Zauberer hier auf grausame Art und Weise gefoltert wurden. Über 60 Prozesse sind in Rüthen aktenkundig geworden, was die Stadt zu einer der Hochburgen der Hexenverfolgung machte. Betrachten Sie das bezaubernde Türmchen mit seinem spitzen Dach von der kleinen Wiese etwas unterhalb ist kaum vorstellbar, was sich hier zugetragen haben soll.

Der Hexenturm erzählt eine grausame Vergangenheit.

Direkt neben dem Hexenturm liegt die alte Seilerei aus dem Jahr 1914. Das 60 Meter lange Seilbahn-Gebäude ist in ursprünglichem Zustand erhalten, was heutzutage sehr selten ist, weshalb es als Baudenkmal eingetragen ist. Die Seilerei ist Teil des Handwerkerdorfs Rüthen, das die Geschichte früherer regionaler Handwerksberufe darstellt. Besichtigungen sind im Rahmen einer Stadtführung möglich. Nach etwa der Hälfte des Wegs erreichen Sie das Hachtor, das einzige erhaltene Stadttor, von denen es früher vier Stück gab. An den anderen drei Orten, an denen einst die Tore zur Stadt gelegen waren, machen die Straßennamen darauf aufmerksam.

Am Weg

Jüdischer Friedhof

Gleich hinter dem Hachtor befindet sich im ehemaligen Befestigungsgraben der Stadt der Jüdische Friedhof. Diese Begräbnisstätte der Juden gilt als älteste, original erhaltene in Westfalen. Im Schatten der hohen Bäume und inmitten der grünen Wiese des alten Stadtmauergrabens stehen die Grabsteine und wirken weniger wie ein Friedhof, sondern eher wie ein verwunschener Ort, der eine ganz besondere Atmosphäre ausstrahlt.

Hier können Sie sich nun entscheiden, den Rundgang entlang der Stadtmauer fortzusetzen oder über die Hachtorstraße in den Altstadtkern einzutauchen, wo Sie letztendlich dann auch wieder an Ihrem Ausgangspunkt ankommen. Unweit des Hachtores präsentiert sich an der Ecke Hachtorstraße/Niedere Straße das Haus Buuck. Das reizende Fachwerkhaus gilt als das älteste Wohnhaus Rüthens. Das 400 Jahre alte Denkmal lädt zum Übernachten ein. Gleich daneben lockt das Café Buuck, ebenso in einem schmucken Fachwerkhaus untergebracht, mit hausgemachten Kuchen und Torten sowie dem echten „Buuck-Kaffee“ zu einer willkommenen Pause. Nur wenige Schritte weiter treffen Sie anschließend auf das Alte Rathaus. Das

Liebevoll gepflegte Fachwerkgebäude in Rüthens Altstadt

im Barockstil errichtete Gebäude wurde zwischen 1726 und 1730 erbaut. Ein besonderer Hingucker ist die eindrucksvolle zweiläufige Rundtreppe, die zum Hauptportal hinauf leitet und die in ihrer Bauart einzigartig in Westfalen sein soll. Machen Sie doch ein Selfie auf der Treppe und falls Sie noch eine ausgefallene Hochzeitslocation benötigen, dann stehen Sie gerade davor. Kurz danach kommen Sie wieder an Ihrem Ausgangspunkt an und können den Schlüssel vom Wasserturm abgeben.

Rüthen verfügt zwar nicht über eine Fußgängerzone, trotzdem treffen Sie hier während des Bummelns durch die Sträßchen auf ein paar Geschäfte des täglichen Bedarfs, Restaurants und Cafés. Am Markt finden Sie eine erstaunliche Kombination aus Essen, Trinken und Einkaufen in der Aus:Zeit. Ein buntes Sortiment an ausgewählten Produkten für kreative Dekorationen, Bio-Lebensmitteln oder Naturtextilien lädt zum Stöbern ein. In der gemütlichen Gastronomie wird aus Bio-Zutaten alles frisch zubereitet. Besonders schön sitzt es sich im Sommer unter einem Schirmchen auf dem Marktplatz.

Vom Markt schauen Sie übrigens direkt auf die St.-Nikolaus-Kirche. Sie wurde um 1300 mit einem romantischen Turm erbaut, wobei der barocke Helm erst auf das Jahr 1700 datiert wird. Eine zweite Pfarrkirche, die Johanneskirche, befindet sich nicht allzu weit entfernt in der Niederen Straße. Sie beherbergt das älteste Rüthener Kunstwerk, die Statue „Maria vom Stein".
Die Stadt Rüthen zählt insgesamt 14 Ortsteile, die neben der historischen Altstadt auf dem Berg mit weiteren geschichtlich bedeutsamen Orten auftrumpfen können. Deshalb lohnt sich in der Umgebung der eine oder andere Abstecher in die angrenzenden Ortsteile.

Abstecher

Schloss Körtlinghausen

Zum Ortsteil Kallenhardt gehört das Schloss Körtlinghausen. Es liegt etwas versteckt, abseits der Durchgangsstraßen ganz idyllisch im Glennetal. Das malerische Ensemble im barocken Stil entstand um 1740 durch die Familie des Bauherren Franz Otto Freiherr von und zu Weichs aus Bayern auf dem Areal einer alten Burganlage von 1398. Das gepflegte Anwesen besteht auch heute noch aus dem Schlossgebäude mit Schlosshof und Springbrunnen und umstehenden Kavaliersgebäuden. Ein bezaubernder Teich mit einer kleinen Insel vervollständigt das romantische Bild. Das Schloss, heute im Besitz der Freiherren von Fürstenberg, kann für private Feiern sowie für Firmen-Events gemietet werden. Für Gruppen ist eine Besichtigung nach Terminvereinbarung möglich. Von außen ist das Schloss zugänglich und kann zum Beispiel im Rahmen einer Wanderung auf der Schlossroute Kallenhardt besucht werden.
www.schloss-koertlinghausen.de

Abstecher

Höhle Hohler Stein

Wer nicht nur bis in die vorherigen Jahrhunderte zurückreisen möchte, sondern weit darüber hinaus in die Jahre nach der letzten Eiszeit, dem empfiehlt sich ein Ausflug zur Höhle Hohler Stein im Lörmecketal bei Rüthen-Kallenhardt. Bei Ausgrabungen wurden hier Spuren und Artefakte gefunden, die bis in die Zeit um 10.000 vor Christus zurückdatiert wurden. Einige davon sind so rätselhaft oder ungeklärt, dass sich rund um die Höhle geheimnisvolle Sagen und Legenden ranken. Bewiesen ist, dass die Höhle in der Altsteinzeit als Jagdquartier genutzt wurde, später als Begräbnisplatz. Im 30-jährigen Krieg soll hier eine Falschmünzerwerkstatt einquartiert gewesen sein.

Das Innere der Höhle Hohler Stein lädt zu einer kleinen Erkundung ein.

Gastronomie:

Aus:Zeit
Essen, Trinken, Einkaufen – alles unter einem Dach – dazu Bio, Regional und Fair.
www.auszeit-markt.de

Café Buuck
Kaffee und Kuchen in historischem Fachwerkflair.
www.cafebuuck.de

Restaurant Hotel Knippschild
Frische und regionale Küche auf hohem Niveau. Ausgezeichnet mit dem Bib Gourmand vom Guide MICHELIN Deutschland.
https://hotel-knippschild.de/genuss/restaurant/

Genuss-Bummelei durch den historischen Stadtkern

Schmallenberg

Schmallenberg ist ein Städtchen zum Verlieben. In einem Wechsel von reizenden Fachwerkfassaden und stolzen klassizistischen Häusern spazieren Sie durch die Straßen und Gassen und entdecken neben den historischen Orten liebevoll gestaltete Läden, die zum Stöbern einladen. Die architektonischen Kontraste, die das heutige Stadtbild prägen, sind jedoch auf tragische Ereignisse zurückzuführen. So wurde Schmallenberg mehrfach von großen Stadtbränden heimgesucht. Der letzte zerstörte am 31. Oktober 1822 vier Fünftel der Gebäude. In der folgenden Zeit des Klassizismus entstanden die für diese Zeit charakteristischen Bauten in streng geometrischer Formation. Das harmonische Gefüge, das hierdurch entstand, macht Schmallenberg heute zu einer der schönsten Städte Nordrhein-Westfalens mit denkmalgeschütztem Stadtkern.

Rund 64 geschichtsträchtige Orte beinhaltet der komplette Stadtbummel durch den historischen Stadtkern von Schmallenberg. Die Orte erzählen von den Menschen und besonderen Ereignissen. Stille

14

Anreise Pkw/Parkplatz: Parkmöglichkeiten befinden sich an der Poststraße oder am Kurpark.

Anreise mit ÖPNV: Das Zentrum von Schmallenberg, in dem der Altstadtrundgang beginnt, ist mit den regionalen Buslinien gut zu erreichen.

Besonderheiten: Geschichtssäule, sprechende Straßennamen, Pfarrkirche, Lennepark

Fachwerk über Fachwerk in Schmallenbergs Altstadt

Zeugen reichen von der Vergangenheit bis in die Gegenwart und die sprechenden Straßennamen erinnern an frühere Schauplätze.
Der ideale Ausgangspunkt für den historischen Stadtrundgang ist die Geschichtssäule am Paul-Falke-Platz vor der Stadthalle. Hier können Sie alle denkwürdigen Ereignisse der Stadtgeschichte auf einen Blick betrachten, angefangen von der Stadtgründung im Jahr 1244 über die Entwicklung der Strick- und Strumpfindustrie, die durch die Firma Falke auch heute noch einen internationalen Ruf bewahrt, bis hin zu einem Ausblick in die Zukunft mit aktuellem Bezug zum Tourismus. Die gegenüberliegende Seite der Säule ziert der historische Stadtplan aus den Jahren 1822 bis 1825 nach dem letzten Brand. Mit diesem ersten Überblick folgen Sie dem Paul-Falke-Platz bis zur Weststraße und zweigen rechts ab.
Die Straße wird zu beiden Seiten von schmucken Häusern gesäumt. Romantische Fachwerkgiebel, charakteristische Schieferfassaden, zum Teil herrschaftliche Treppenaufgänge mit schmiedeeisernen

Gittern sind genauso zu bestaunen wie die Gedenktafeln und Skulpturen, die es entlang des Straßenzugs zu entdecken gibt. Viele kleine Details machen den besonderen Charme des Ortes aus, so dass es sich lohnt, genauer hinzusehen. Da ist das denkmalgeschützte Bürgerhaus mit der Nummer 23 und seiner Freitreppe mit einem Schmiedegitter im Neurokoko-Stil. Gleich gegenüber steht das Haus mit der Nummer 32; einst Wohnhaus des Bürgermeisters Clemens Dahm, der sich nach dem letzten Stadtbrand besonders für den Wiederaufbau der Stadt eingesetzt hat. Später war ein Internat darin beheimatet. Heutzutage dient es als Bürogebäude der Sparkasse.

Während Sie die Weststraße entlangschlendern, entdecken Sie immer wieder Orte der Erinnerung. An der Ecke Weststraße/Synagogenstraße erinnert eine Gedenktafel an die ehemalige Synagoge und die 36 jüdischen Mitbürger aus Schmallenberg, die im 2. Weltkrieg ermordet wurden. Auf der Höhe Weststraße 30 ist ein Schmallenberger Pfenning auf einer Säule zu sehen. Zwischen 1238 und 1297 gab es in der Stadt eine kurkölnische Münzstätte, in der Geldstücke geprägt wurden. In dem Haus mit der Nummer 21 lebte früher der Bildhauer Kaspar Hamm-Jostjans. Frei wie ein Vogel wollte er sein, band sich Körbe an seine Arme und führte Flugexperimente durch. Er ging als „Floigenkasper" in die Geschichte ein. Vor seinem Wohnhaus erinnert eine Skulptur an ihn und zeigt, wie seine damalige Flugkonstruktion ausgesehen haben soll.

An der Ecke Kirchplatz/Weststraße befindet sich der Standort der katholischen Pfarrkirche St. Alexander. Sie wurde in zwei Etappen gebaut, die nach außen hin gut sichtbar sind.

Pfarrkirche St. Alexander

Der weiß verputzte Teil war Bestandteil der ursprünglich im 13. Jahrhundert errichteten romanischen Hallenkirche. Erst viele Jahrhunderte später, im Jahr 1905, entstand der Neubau mit dem imposanten Kirchturm, der als Wahrzeichen von Schmallenberg angesehen wird. Sein heutiges Erscheinungsbild ist tatsächlich noch neueren Datums, denn aufgrund von Problemen mit Feuchtigkeit musste der Turm 1996 abgerissen werden. Erst zwischen 2001 und 2004 wurde er an der gleichen Position neu gebaut. Ebenso neueren Datums sind die unweit der Kirchen aufgestellten „Alltagsmenschen" von Christel Lechner aus dem Jahr 2007. Dabei handelt es sich um die beiden Schutzengel Alexandra und Valentina.

Am Weg

Königlich Preußische Posthalterei

Ein Hingucker mit langer Tradition befindet sich gleich der Kirche gegenüber; die ehemalige „Königlich Preußische Posthalterei". Zu Zeiten, als man noch mit Postkutschen reiste, befand sich hier zunächst eine Pferdewechselstation. Sie wurde von dem Kaufmann Störmann betrieben. 1769 eröffnete er in dem Gebäude ein Gasthaus, als er die Genehmigung erhielt, Schnaps auszuschenken. Lange Zeit war das Hotel in der Hand der Familie Störmann, erst seit 2016 führt die Familie Deimann den Traditionsbetrieb fort. Das repräsentative Gebäude mit seiner markanten Schieferfassade, den schmiedeeisernen Verzierungen und der vorgelagerten und einladenden Terrasse lädt zu einer Einkehr ein, während derer man dem bunten Treiben auf der Weststraße zuschauen kann.

Den Abschluss der Weststraße krönt die Skulptur „Schmallenberger Breybalg". Wenn Sie bis hierher flaniert sind, haben Sie Ihre Einkaufstaschen vielleicht schon gut gefüllt, denn die Straße schmücken nicht nur die historischen Gebäude, sondern auch die kleinen Geschäfte, die sich darin befinden und zum Stöbern einladen. Eine kreative Kunstwerkstatt, individuelle Bekleidungsgeschäfte, ein ideenreicher Handarbeitsladen, ein liebevoll dekoriertes Geschäft mit Andenken, ein traditionelles Haushaltswarengeschäft, Gelegenheiten zum Einkaufen gibt es en masse. Die Skulptur vor der sie dann abschließend stehen, bildet den Kontrast zu dem Shoppingerlebnis, denn sie erinnert an den letzten Strandbrand und die Armut, die danach herrschte. So sollen sich die Menschen angeblich hauptsächlich von Brei ernährt haben, da die Feldfrüchte und das Vieh dem Brand zum Opfer fielen.

Das Schmallenberger Rathaus

Gleich daneben: das „Schmale Haus“

Sie erreichen nun den südlichsten Zipfel der Schmallenberger Altstadt. Hier befinden sich Unterm Werth 1 das Rathaus, früheres Amtshaus aus den Jahren 1895 bis 1897, das „Schmale Haus“, ein eindrucksvolles Bürgerhaus, das auf den Überresten eines Turms der Stadtmauer erbaut wurde und heute das Stadtarchiv beherbergt, sowie die Kapelle auf dem Werth nebst weiteren Gedächtnisstätten und Denkmälern. Die Kapelle stammt aus dem Jahr 1682.
Im weiteren Verlauf wird es nun sehr interessant, denn es sind die sprechenden Straßennamen, die jetzt die Geschichte Schmallen-

Abstecher

Lennepark Schmallenberg

Unterhalb der einstigen Stadtmauer direkt an der Lenne befindet sich der Kurpark Schmallenbergs. Hier lässt es sich besonders im Sommer schön verweilen. Setzen Sie sich auf eine der Bänke und genießen Sie den Blick auf den Teich oder suchen Sie die Skulptur „Das blaue Wunder“ von Heinrich Brummak; dargestellt ist ein goldener Hase, der einen Fisch fängt. Die Brücke über die Lenne ist ein hübscher Fotospot. Kinder lockt ein abenteuerlicher Spielplatz mit Rutschen und Spielgeräten.

bergs erzählen. Hier begegnen Ihnen auffällige Namen wie „Auf der Mauer“ oder „Unter der Mauer“, „Schindergraben“, „Zum Feuerkump“ oder „Mühlengasse“. Streifen Sie im Zickzack durch die urtümlichen Gassen, während ihre Namen Ihnen verdeutlichen, welch geschichtlichen Hintergrund sie haben. „Auf der Mauer“ und „Unter der Mauer“ zeugen davon, dass Schmallenberg im Mittelalter von einer Stadtmauer umgeben war. Den ehemaligen Verlauf der Stadtmauer mit ihren Stadttoren kennzeichnen heute viele kleine Details im Stadtgebiet wie Bronzetafeln oder ganz besondere Kanaldeckel. Über den „Schindergraben“ wurden früher die Tierkadaver unterhalb der Stadtmauer entsorgt. In der Straße „Zum Feuerkump“ befand sich einer der letzten Feuerlöschteiche Schmallenbergs. Am Namen der „Mühlengasse“ lässt sich unschwer erkennen, dass sie zu den im Tal gelegenen Mühlen führt. In „Deckers Gässchen“ wohnte einst die gleichnamige Adelsfamilie. Durch die Wasserpforte, wo sich auch einst ein Stadttor befand, gehen Sie zur Oststraße und halten sich rechts, so dass Sie parallel zur Weststraße in Richtung Ausgangspunkt zurückspazieren.

Auch entlang der Oststraße lassen sich wunderschöne Fassaden alter Bürgerhäuser mit charakteristischen Besonderheiten in Form besonderer Türrahmen im Neurenaissance-Stil in der Oststraße 31, oder prächtigen Treppenaufgängen in der Oststraße 22, bestaunen. Dazwischen können Sie weiter durch die kleinen Geschäfte bummeln

und gelangen so zum Schützenplatz mit dem Bürgerbrunnen, der gewaltigen Naturstein-Skulptur des Schmallenberger Künstlers Carl Siebert und Bronzetafeln, die an den ehemaligen Standort des Schützenzeltes erinnern. Zuletzt werfen Sie noch einen Blick auf das Haus in der Weststraße 12 und auf die danebenliegende Gedenktafel an Sophie Stecker, die 1883 hier eine Strickwarenfabrik für Babywäsche und Kinderbekleidung gründete. Sie ist seit 1954 die einzige Ehrenbürgerin Schmallenbergs.

Tipp

Denkmalralley

Die historische Altstadt können Sie auch im Rahmen einer Stadtführung erleben. Termine werden regelmäßig durch die Schmallenberger Sauerland Tourismus GmbH angeboten. Für Kinder kann auf der Internetseite des Tourismusverbands eine spannende Denkmalrallye heruntergeladen werden, während deren ein Quiz zu lösen ist. So wird die Geschichte Schmallenbergs auch für Kinder zu einem außergewöhnlichen Erlebnis.

Gastronomie:

Café Zeit am Wasserrad
Café und Biergarten in der Alten Göddeken Mühle.
www.schmallenberger-muehle.de

Hotel Störmann
Dinieren mit historischem Charme in der einstigen Königlichen Preußischen Posthalterei.
www.hotel-stoermann.de

Gasthof Dornseifer
Typische Sauerländer, saisonale und auch mal außergewöhnliche Gerichte.
www.gasthof-dornseifer.de

Überraschende Schätze in der Stadt des Bieres

Warstein

Die Stadt Warstein ist besonders für ihr Bier berühmt. Das sich in einem der Warsteiner Ortsteile jedoch auch eine historisch bedeutsame Altstadt versteckt, ist eine Überraschung. Deshalb stellen Sie das Bierglas jetzt beiseite und machen Sie sich auf den Weg nach Belecke. In dem etwas außerhalb des Zentrums von Warstein gelegenen Stadtteil versteckt sich eine äußerst interessante Mischung geschichtlicher Zeugnisse rund um die „Altstadt". Der gleichnamige Straßenzug, der unverkennbar darauf hinweist, dass Sie hier richtig sind, führt Sie zu den ältesten Fachwerkhäusern der Stadt. Urtümliche Straßenführungen versetzen Sie in die Vergangenheit. Entdecken Sie das Alte Rathaus, die Straße der Fassbauer und schmucke Kirchen. Das Erlebnis und die Geschichte werden noch intensiver und lebendiger, wenn Sie diese bei einer Stadt- oder sogar Nachtwächterführung hautnah erleben. Ein traditioneller Nachtwächterschnaps ist dabei inklusive.

15

Anreise Pkw/Parkplatz: Parkmöglichkeiten befinden sich am Wilkeplatz oder am Parkplatz an der Kreuzung Pietrapaola-Platz und Poststraße.

Anreise mit ÖPNV: Den Busbahnhof Warstein-Belecke erreichen Sie mit den regionalen Buslinien. Von hier erreichen Sie in zwei Minuten den Wilkeplatz als Ausgangspunkt des Stadtrundgangs.

Besonderheiten: Altes Rathaus, Stollenbunker, Stütings Mühle, St. Pankratius Kirche, Stadtmuseum

Rund um die Kirche St. Pankratius in Belecke

Der Wilkeplatz ist der ideale Ausgangspunkt für den Besuch in Belecke. Mittwochs herrscht hier reges Treiben, denn dann findet zwischen 7.30 und 12 Uhr der Wochenmarkt statt, auf dem regionale und frische Produkte angeboten werden. Gesundheitseinrichtungen, ein paar Geschäfte sowie Restaurants und Cafés reihen sich um den Platz. Bei schönem Wetter können Sie im Außenbereich der Gastronomie Platz nehmen und dem Marktgeschehen zusehen. Nicht weit entfernt befindet sich eine Bronzeplastik, die die Belecker Stadtgeschichte darstellt. Sie wurde 1988 anlässlich der 1050-Jahr-Feier der Stadt von dem Künstler Frijo Müller-Belecke geschaffen. Der gebürtige Friedrich-Josel Müller ließ seinen Künstlernamen Müller-Belecke in Anlehnung an die Stadt 1981 als offiziellen Familiennamen genehmigen. Von der Stadtgründung im Jahr 1296 über die Soester Fehde 1448 und den verheerenden Stadtbrand 1805, zeigt sie die wichtigsten Ereignisse bis in die heutige Zeit. Vom Wilkeplatz ist es nicht weit bis zum Ehrenmal für die Opfer der Kriege in der Bahnhofstraße. Es wurde ursprünglich im Jahr 1900 in Gedenken an die Gefallenen der Kriege 1866 und 1870/71 errichtet. Seitdem wurden die Namen der Gefallenen des 1. Weltkriegs 1919 und erst 2002 die des 2. Weltkriegs hinzugefügt.

Einen Katzensprung entfernt geht es über einen kleinen Fußweg vorbei am Stollenbunker zu Stütings Mühle. Der Stollenbunker entstand im Herbst/Winter zwischen 1943 und 1944 aufgrund zunehmender Luftangriffe der Alliierten, da Belecke ein wichtiger Standort der Rüstungsindustrie und zudem Eisenbahnknotenpunkt war. 400

Menschen sollten eine sichere Zuflucht in dem Bunker finden. Der Tunnel hat eine begehbare Länge von rund 127,1 Metern und kann im Rahmen einer Führung besichtigt werden. Stütings Mühle blickt auf eine deutlich längere Vergangenheit zurück. Ihre Ursprünge reichen bis ins Spätmittelalter. Zwischen 1307 und 1963 wurde sie als Korn- und Sägemühle genutzt. 1813 übernahm die Familie Stüting die Mühle, nach der sie später benannt wurde. Wo früher mithilfe von

Stütings Mühle liegt malerisch an der Wester.

Wasserkraft die Säge angetrieben wurde, wird nun Strom erzeugt. In der ehemaligen Fruchtscheune ist heute die Stadtbücherei Belecke zu Hause. Bezaubernd anzusehen ist auf dem Areal zudem der „Kleine Speicher", ein kleines Fachwerkhäuschen, das früher wahrscheinlich als Speicherhaus diente. Es beherbergt eine Dauerausstellung zur Geschichte der Nachtwächterzunft und der Sturmtagskanoniere Beleckes, ein Angriff auf die Stadt im Zuge der Soester Fehde im Jahr 1448. Zudem ist es Ausgangspunkt der Stadtführungen und Nachtwächterrundgänge. Der Kultur- und Heimatverein BADULIKUM e. V. bietet Besuchern auf Voranmeldung interessante Themenführungen über das gesamte Gelände. Am Rande des Mühlenensembles finden Sie noch einen restaurierten Rest der alten Stadtmauer, die Belecke einst umgab und die neben der Mauer auch aus vier Toren bestand.

Ein schmaler Weg zwischen Stollenbunker und Stütings Mühle bringt Sie in die „Altstadt" mit dem gleichnamigen Straßenzug. Entlang der nahezu kreisförmigen Straße stehen die ältesten Häuser der Stadt. Sie wurden allesamt 1805 von dem großen Stadtbrand verschont. Halten Sie Ausschau nach dem Keller mit den Schießscharten. Vermutlich war er einst Teil der alten Stadtbefestigung.
Unübersehbar haben Sie sicher bereits die St.-Pankratius-Kirche erspäht. Einst schmückten drei Türme das gotische Bauwerk; heute ist es nur noch der Westturm, dessen Ursprung auf einen der Wehrtürme der Stadt zurückgeht, erhalten. Sein Dach, die barocke Haube, wurde 1682 nach einem Blitzeinschlag errichtet. Schräg gegenüber dem Kirchenschiff stoßen Sie auf das Alte Rathaus von Belecke. Das Fachwerkgebäude im barocken Stil musste 1805 nach dem großen Brand neu erbaut werden. Mit dem Feuer verbrannten nicht nur sein Vorgänger, sondern auch die Soester Fahne, die im Zuge des Soester Fehde erbeutet wurde; außerdem bedeutende Urkunden.

Am Weg

Stadtmuseum „Schatzkammer Propstei"

Gegenüber dem Westturm der Kirche führt Sie ein von Hecken gesäumter Weg direkt zum Stadtmuseum „Schatzkammer Propstei". Die Propstei wurde etwa um das Jahr 1100 in Belecke durch das Benediktinerkloster Grafschaft errichtet, brannte jedoch 1808 ab. Das alte Wirtschaftsgebäude aus dem Jahr 1810 blieb erhalten und dient heute als Stadtmuseum. Die Ausstellung zeigt Ihnen die Stadt- und Kirchengeschichte mit eindrucksvollen kirchlichen Exponaten; liturgischen Gewändern, Kelche oder kunstvoll verzierte Behältnisse.

Vorbei am Alten Rathaus biegen Sie nach links in die Böttcherstraße, auch Straße der Fassbauer genannt, ein. Sehenswert sind die prachtvollen Fachwerkhäuser, die markant mit ihren zur Straßenseite ausgerichteten Giebeln hervorstechen. Flanieren Sie einmal um den Block und machen Sie sich anschließend auf den Weg zurück zum Ausgangspunkt.

Abstecher

Warsteiner Brauerei und Ausstellung

Sie haben es sich jetzt verdient: ein erfrischendes Bier. Entweder in einem der Restaurants am Wilkeplatz oder direkt an der Quelle bei einem Abstecher zur Warsteiner Brauerei. In der „Warsteiner Welt" werden Brauereibesichtigungen angeboten, im Besucherzentrum erfahren Sie Wissenswertes über die Brauereigeschichte. Der Biergarten lädt zu einem erfrischenden Getränk ein und im Shop können Sie Vorräte für zu Hause erwerben. Die Geschichte der Brauerei begann bereits im Jahre 1753. Somit blickt sie auf eine über 270 Jahre lange Tradition zurück. Über 1000 historische Flaschen können Sie in der Markenwelt der Brauereiausstellung bewundern.
https://warsteiner-welt.de/brauereibesichtigung

Braugeschichte erleben in der Warsteiner Brauerei

Tipp

Internationale Montgolfiade

Die Warsteiner Internationale Montgolfiade ist das größte, jährlich stattfindende Heißluftballonevent Europas. Hunderte Ballone in den erstaunlichsten Formen und Farben steigen dann in den Himmel und fahren übers Land, so dass sie von vielen Orten aus gesehen werden können und traumhafte Fotomotive bieten.
https://warsteiner-wim.de

Am Rande von Belecke, nur nicht mehr unmittelbar in der historischen Altstadt, lohnt es sich, noch ein paar weitere historische Gebäude anzusteuern. Das Haus Welschenbeck in der Mülheimer Straße 30 blickt auf eine lange Geschichte zurück. Besuchen Sie das schmucke Café und versuchen Sie sich bei einer Tasse Kaffee und einem Stück Kuchen, am besten mit Blick auf den malerischen Teich, vorzustellen, dass es sich hierbei einst und einen Rittersitz handelte. Hören Sie das Trappeln der Pferdehufe? Seinen Ursprung

Ehemaliger Adelssitz: das Haus Welschenbeck

hat das Haus Welschenbeck einige Zeit vor dem Jahre 1222, in dem es erstmals urkundlich erwähnt wurde. Hier schenkte es der Erzbischof Engelbert I. von Köln seiner Nichte Walburg Gräfin Kessel zur Hochzeit mit Berthold von Büren. Im Zuge der Soester Fehde hat das Haus einen tragischen Vorfall zu verzeichnen; es wurde größtenteils zerstört und seine Bewohner umgebracht. Über die Jahrhunderte wechselten dann mehrfach die Besitzer, bis es 1654 die Familie Nagel-Doornik übernahm. Das Anwesen kann heute für Feierlichkeiten gemietet werden. Dazu finden gelegentlich auch saisonale Veranstaltungen statt.
Nicht weit entfernt befindet sich das zauberhafte Kaiser-Heinrich-Bad in der Mülheimer Straße 3. Mit seinen hölzernen Sprossenfenstern und den grünen Fensterläden wirkt es wie ein idyllisches Landhaus. Heute befindet sich hier das Zentrum für Bewegung und Gesundheitsförderung, aber schon um 940 soll Kaiser Heinrich sich hier im Heilwasser erquickt haben. Bewiesen ist das allerdings nicht. Auf dem Gelände gibt es eine Mineralquelle, die zum Trinken einlädt. Sie wurde aufwendig wiederhergestellt, nachdem sie in der Vergangenheit mehrfach versiegte. Ein paar Schritte entfernt versteckt sich zwischen den Bäumen die Kreuzkapelle, die in ihrem Erscheinungsbild gut zum Kaiser-Heinrich-Bad passt. Sie wurde im Jahre 1724 erbaut. Etwa auf das Jahr 1300 datiert standen an diesem Ort ein Siechenhaus und die älteste Kapelle Beleckes.

Abstecher

Külbensteine und Külbenkapelle

Falls Sie jetzt noch einen kleinen Spaziergang durch die Natur machen wollen und ganz zufällig auf der anderen Straßenseite gegenüber der Kreuzkapelle geparkt haben, folgen Sie dem Franz-Kesting-Weg zu den Külbensteinen und noch etwas weiter bis zur Külbenkapelle. Die schroff aufragenden Felsen der Külbensteine sind ein Naturdenkmal bestehend aus Enkeberger Kalk. Ursprünglich waren sie wohl um einiges größer, jedoch wurde das Material abgebrochen und für den Straßenbau verwendet. An der kleinen Külbenkapelle, knapp 400 Meter weiter, findet am Ostersonntag immer das Osterfeuer statt. Die Kapelle stammt aus dem Jahre 1866.

Gastronomie:

Da VINCI
Italienische Leckereien in stilvollem Ambiente direkt am Wilkeplatz.
www.davinci-belecke.de

Domschänke
Stammhaus der Warsteiner Brauerei mit täglich wechselnden Mittagsgerichten.
https://domschaenke.de/

NordWaerts 2023
Kreative Küche mit nordischem Touch.
www.facebook.com/nordwaerts 2023